AF314020

Paul DUDON

Un jeune catholique d'autrefois

Albéric de BLANCHE

1818-1854

GABRIEL BEAUCHESNE, ÉDITEUR

A PARIS, RUE DE RENNES, 117

MCMXXIV

Albéric de BLANCHE

D'APRÈS LE PORTRAIT D'ALBÉRIC, PEINT PAR LAFON,
ET CONSERVÉ DANS LA FAMILLE DE BLANCHE.

G. Beauchesne. Édit.

G. Deberque. Imp., Paris.

D'APRÈS LE PORTRAIT D'ALBERT, PEINT PAR LAFON,
ET CONSERVÉ DANS LA FAMILLE DE BLANCHE.

G. Beauchesne Édit.

G. Deberque. Imp., Paris.

Paul **DUDON**

—

Un jeune catholique d'autrefois

Albéric de BLANCHE

(1818-1854)

GABRIEL BEAUCHESNE, ÉDITEUR

A PARIS, RUE DE RENNES, 117

—

MCMXXIV

A LA JEUNESSE CATHOLIQUE

DE FRANCE

PRÉFACE

—

Dans un temps où les têtes et les cœurs tournent à tout vent comme les ailes des moulins de jadis, il est utile d'offrir aux regards une vie fixée dans la fidélité au devoir. Sous le règne de Louis-Philippe où vécut Albéric de Blanche-Raffin, il y eut des catholiques français plus illustres ; il n'y en eut pas de plus attachés à Dieu et à l'Eglise. Son existence fut courte. Mais, de bonne heure, elle connut la noblesse du sacrifice et demeura, jusqu'au bout, marquée à ce sceau divin. Après quelques incertitudes qui d'ailleurs durèrent peu, ce jeune homme au cœur ardent avait résolu de consacrer ses forces à écrire, pour la plus grande gloire de la religion qui lui était plus chère que la vie. Il mourut, on peut dire, la plume à la main. A l'Univers, dont il fut rédacteur, dans Paris où il passa une grande partie de sa vie, il approcha toutes les gloires du catholicisme, au temps de Louis-Philippe : Lacordaire et Ravignan, Montalembert et Louis Veuillot, Auguste Nicolas, Ozanam et Lenormand. Il fut l'ami de deux Espagnols illustres : Jacques Balmès et Jean Donoso Cortès. Dans ce cadre somptueux il a vécu et il est mort ; ouvrier plus obscur de la tâche à laquelle ceux-ci travaillèrent avec un éclat qui a rendu leur nom glorieux.

En suivant une à une les années de labeur d'Albéric de Blanche, c'est l'histoire du renouveau catholique du milieu du XIXe siècle que l'on feuillette. Et *ce spectacle aussi est bienfaisant. Les efforts tendus, les promesses caressées, les moissons recueillies alors nous enseignent et nous émeuvent. En regardant nos aînés à l'œuvre, nous savons mieux ce que nous devons faire, et nos désirs s'enflamment pour l'accomplir.*

Les catholiques d'aujourd'hui vivent dans une atmosphère plus agitée que celle de 1844. Mais les combats à livrer n'ont point changé de nom. Il s'agit toujours de savoir si les âmes seront chrétiennes et si l'Eglise sera libre, dans le pays de sainte Jeanne d'Arc et du roi saint Louis.

Le gouvernement ne veut connaître l'Eglise que pour la tenir à l'écart de la vie nationale ; après l'avoir spoliée, il lui interdit jalousement toute possession stable et il prétend régler à sa mode la gestion de la fortune qu'il tolère ; toute son ambition serait satisfaite, si, à la tête d'une Eglise gallicane sans le sou, il pouvait mettre de sa main des pasteurs sans caractère ; au prix de ce triomphe, il se consolerait sans doute de ses finances incertaines, des menaces du socialisme et des humiliations de sa diplomatie.

L'école publique est l'école sans Dieu. La neutralité est un mensonge. Le nombre des maîtres incroyants forme une majorité imposante, dans les facultés, les lycées, les écoles primaires. Depuis soixante-quinze ans, les catholiques ont ouvert et soutenu de leurs deniers des écoles, en des conditions de combat qui sont une honte pour le gouvernement de la République. Et celui-ci met son honneur à déclarer ces conditions intangibles ; il se cabre au seul nom de la répartition proportionnelle scolaire et à la seule idée de reconnaître aux congréganistes le droit d'enseigner en France.

Dans un discours fameux sous la coupole Mazarine, le jour où il y prit la place de Renan (25 janvier 1894), Challemel-Lacour reprochait à son prédécesseur la folle prétention d'avoir cru remplacer la religion par la science : « La foule et j'ose y comprendre le gros des savants eux-mêmes, disait-il, réclamera toujours une doctrine de l'inconnu qui apporte la paix aux esprits, qui soit le frein des fantaisies, et qui puisse devenir, pour de longs siècles, le principe des civilisations et le ciment des sociétés ». Ce « ciment », ce « principe », ce « frein », cette « paix » Jésus, blasphémé par Renan, les apporta au monde, il y a vingt siècles. Parce que l'école et les pouvoirs publics ont tâché d'éteindre cette voix du Christ, les « fantaisies » se sont déchaînées dans les consciences, et les fondations de l'édifice social ont craqué. Le communisme est à nos portes et nul ne peut être assuré de la probité de son voisin.

Raffermir la société sur ses bases, rendre à l'école la liberté, assurer à l'Eglise la place à laquelle elle a droit et dont la France a besoin : tel est le labeur rude et noble, qui s'offre au courage des jeunes catholiques. Plus ils ressembleront à Albéric de Blanche, plus ils auront l'ambition et les moyens de l'entreprendre. Qu'ils lisent cette histoire et qu'ils soient fidèles ! Le Dieu qui garda pur et vaillant le cœur d'Albéric de Blanche n'a pas changé ses préférences, il n'a rien perdu de sa force souveraine.

Ce livre est né des fêtes du centenaire de Balmès en 1910. Le jour où je quittai Vich, le P. Ignace Casanovas, qui voulait écrire une biographie nouvelle de l'illustre catalan, me pria de chercher trace des lettres de Balmès à Albéric de Blanche. Ma commission me mit en relations avec la famille dont Albéric est la gloire. J'y reçus un accueil charmant. Tous les papiers qui subsistent me furent communiqués par Mme Renaud de Blanche et ses filles. Dans ce salon hospitalier de Beurre que domine le portrait d'Albéric, les éléments de ce livre ont été rassemblés ; bien des pages y ont été écrites. Que Mlles Annette, Yvonne et Marguerite de Blanche reçoivent l'expression de ma gratitude pour la bonne grâce avec laquelle elles ont continué à m'ouvrir les portefeuilles mis déjà en mes mains par leur mère. Mlles Annette et Blanche de Léotard m'ont aussi donné leur part des souvenirs d'Albéric que si pieusement elles gardent. Je les remercie profondément.

Hors de ces sources, tout ce que j'ai pu dire m'a été fourni par les écrits imprimés d'Albéric de Blanche.

Abandonné souvent pour d'autres travaux, et toujours repris, ce livre enfin s'achève. Je demande à Dieu qu'il soit utile à la jeunesse catholique de mon pays.

Paris, 15 août 1923.

CHAPITRE PREMIER

—

L'ENFANCE CHRÉTIENNE
(1818-1834)

Villeneuve-sur-Lot, les Mottes de Blanche, le petit séminariste de Mantes la jolie, l'élève d'Edouard Manec.

Villeneuve-sur-Lot est une fondation d'Alphonse de Poitiers et de Jeanne sa femme, fille de Raymond, comte de Toulouse. La petite ville a surgi tout d'un coup, sur un plan tracé au cordeau. En juillet 1251 furent tirées les lignes marquant les fossés de l'enceinte ; en 1260, octroyée la charte régissant la cité nouvelle. Par ses origines, Villeneuve remonte au temps de saint Louis et des croisades. Dans la suite des temps, il était dans la destinée de ce coin de France de subir la honte de la domination anglaise, les horreurs des guerres de religion et les troubles de la Fronde. Il ne semble point pourtant que ce passé ait laissé dans l'âme des habitants le goût de la bataille. Les Villeneuvois d'aujourd'hui sont plutôt d'humeur accommodante.

La famille de Mottes de Blanche figure parmi les plus distinguées de la ville. Au XVIIe et au XVIIIe siècle, ses membres font partie du consulat. Leur blason est d'or à deux mottes de sinople mouvantes à la pointe de l'écu, surmontées chacune d'une rose de gueule, au chef de sable chargé de trois étoiles d'or.

Au début du XIXe siècle, le chef de la famille est Alphonse de Mottes de Blanche, marié, en 1805, à Anne Françoise-Marie Brac de la Perrière. De la fortune d'avant la Révolution, il ne reste que des débris. La terre de Blanche a passé à d'autres mains, de même le charmant hôtel qui est aujourd'hui le presbytère de l'archiprêtre de Villeneuve. Les Mottes habitent, hors ville, à un quart d'heure de marche de l'enceinte, sur la route de Villeneuve à Fumel. Leur maison s'appelle Beurre et sa forte masse se dégage, à gauche des hautes frondaisons d'un bouquet de chênes, par delà les prairies, qui s'étendent, en vaste tapis, du bord de la route à l'antique demeure.

Là naquit, le 24 août 1818, Armand-Louis-Paul-Albéric de Blanche. Il fut baptisé, le jour même de sa naissance, à l'église paroissiale de Sainte-Catherine. Une sœur et trois frères l'avaient déjà précédé dans la vie ; un frère et trois sœurs l'y suivront. Magnifiques rejetons d'un tronc vigoureux, que la mort abattra tous si impitoyablement, qu'au bout d'un siècle la descendance des Mottes de Blanche ne sera plus représentée que par des femmes ou des alliés.

Mais, en 1818, tout est à l'espoir. C'est le début de la Restauration. Les maîtres de Beurre sont jeunes. Mme Alphonse de Blanche est choyée de toute la noblesse des environs. Les Gastebois, les La Galvagne, les Scorraille, les Bourran, les Raffin, tous amis ou parents, s'empressent dans la maison hospitalière de Beurre. Dans ce foyer dont il sera la gloire, Albéric de Blanche grandit dans les traditions les plus fermes de l'honneur et de la religion.

L'influence de sa mère sur lui fut profonde. Fille d'un fermier général, mort le 19 floréal, avec Lavoisier et 23 autres, sur l'échafaud révolutionnaire, Mme Alphonse de Blanche avait de qui tenir. De bonne heure, elle avait appris à lutter contre l'adversité, appuyée sur Dieu seul. A l'école du malheur et de la foi chrétienne, elle s'était formée une âme douce et virile. De tous ses enfants, Albéric sera assurément le plus riche héritier de son âme.

Des premières années passées à Villeneuve nous ignorons tout absolument. Pour apprendre quelque chose sur Albéric, il nous faut attendre 1828, c'est-à-dire sa dixième année.

La famille était plus riche d'honneur que

d'écus. On chercha une maison d'éducation qui assurât à Albéric la continuation des leçons familiales, sans grever le budget domestique. Par l'intermédiaire de Mgr de Chabons, évêque d'Amiens et aumônier de la duchesse de Berry, l'enfant fut admis au petit séminaire de Mantes. Les conjonctures étaient difficiles pour ces maisons, par suite des fameuses ordonnances de Charles X. Tout néanmoins s'arrangea à souhait. Le 22 novembre 1828, le prélat écrivait à la Comtesse Coralie de Blanche :

« Si j'ai des torts à me reprocher vis-à-vis de vous par mon silence, je suis sûr d'obtenir mon pardon aujourd'hui, puisque je suis assez heureux pour pouvoir vous annoncer que c'est le 20 du courant que Madame a prononcé l'admission de M. votre neveu dans la maison de Mantes... Je vous préviens que S. A. R. se charge de la pension, mais qu'elle ne se charge pas du trousseau.

« J'ai reçu, Madame, en son temps, la lettre que vous m'avez fait l'honneur de m'écrire, je me suis mis en devoir de seconder vos vues ; mais j'ai été arrêté par une considération toute naturelle, l'établissement de Mantes étant au nombre de ceux dont l'existence était menacée. Dans cette incertitude, Madame ne pouvait pas savoir si elle continuerait à y envoyer ses protégés ou si elle adopterait un autre établissement. Aujourd'hui que ces difficultés sont aplanies, et que Madame peut disposer d'une place, je ne doute pas qu'elle n'ait eu une véritable satisfaction à y nommer le neveu de Mme Coralie de Blanche, et Mgr l'évêque d'Amiens use avec plaisir, dans cette occasion, de son droit de premier aumônier pour concourir à cette nomination ».

Albéric, malgré son jeune âge, supporta gaîment d'être si éloigné des siens. Des parents et des amis de sa famille l'entouraient d'ailleurs d'affection et de prévenance. Le supérieur du petit séminaire avait aussi gagné toute sa confiance. Voici la première lettre qui nous soit conservée de l'écolier de 11 ans :

« Ma chère maman,

« …Vous avez bien raison de penser que je suis sous une bonne protection et je trouve dans M. Meunier un second père et je veux faire tous mes efforts, comme vous me le recommandez, pour mériter ses bontés. »

Après avoir détaillé minutieusement l'horaire de la journée, depuis le lever à 5 h. 1/2 jusqu'au coucher à 9 h., Albéric ajoute :

« Les Gascons sont aussi bien traités que les autres. Ne t'inquiète pas de ce que j'ai quelque chose à goûter. Tous en ont. Il n'y a pas de maître d'agrément, au collège, mais il y en a de Mantes et on peut prendre des leçons, mais je ne m'en soucie pas beaucoup...

« J'embrasse de tout mon cœur papa, mes sœurs et Renaud.

« Et pour vous, ma chère maman, je suis avec respect, amour et soumission, votre fils

Albéric de Blanche ».

Dans une autre lettre (15 juin 1829), on trouve ces détails sur la vie scolaire de Mantes :

« Le jour de la Pentecôte nous avons reçu la visite de Mgr le prince Léon de Goutand [1], archevêque de Besançon. C'est lui qui a béni notre chapelle et qui l'a ornée pour la plus grande partie. Il nous aime beaucoup et pour cela, nous a fait donner un jour de congé. Il nous a aussi tous béni dans la cour et s'en est allé, aux cris de : Vive Monseigneur ! Nous venons de perdre notre supérieur M. Meunier. Il est maintenant curé de Montmorency. Il nous a fait ses adieux, jeudi soir, et s'en est allé le lendemain, regretté de tout le monde. En nous embrassant, il n'a pu retenir ses larmes et nous a promis que ce n'était pas la dernière fois qu'il nous verrait. Je n'ai pas été le seul élève

[1] C'est le duc de Rohan qu'Albéric désigne ainsi.

qui ait pleuré en l'embrassant. Cependant il nous a exhortés à continuer à travailler, à être obéissants aux autres professeurs et au directeur qui est maintenant directeur et supérieur. »

Un mois après (12 juillet 1829) :

« Les vacances au petit séminaire ne sont pas encore fixées ; mais on croit qu'elles sont comme à l'ordinaire, le 19 août.

« On fait à Rosny de grands préparatifs pour la fête de la Saint-Henri ; elle est le 15 de ce mois et tombe sur un mercredi ; mais on l'a remise au dimanche, ce qui pourrait nous empêcher d'y aller ».

Après quoi, l'écolier explique qu'il n'a pu écrire les deux dimanches précédents, parce qu'on est allé aux offices de la paroisse, et qu'il est sorti, le jeudi, chez les Serville, de qui il a reçu les bontés accoutumées. Puis il dit :

« Notre supérieur actuel remplace dignement l'excellent M. Meunier, qui est encore regretté, non seulement du petit séminaire, mais encore de quelques personnes de la ville. Comme Montmorency n'est éloigné de Paris que de quatre lieues, je pourrai l'y aller voir, avec ma tante, pendant les vacances. Mme de Serville m'a dit qu'il avait été très bien reçu à Montmorency et je n'en doute pas...

« Comme je pense que vous écrivez souvent à papa, je vous prie de lui dire que jamais je ne l'oublierai, et que mon cœur sera toujours aussi sensible aux biens et aux malheurs de ma famille que je chéris toujours ».

Et en dernier lieu :

« Adieu, je vous embrasse de tout mon cœur. Comme la Sainte-Anne sera passée lorsque je vous écrirai, je vous souhaite une bonne fête, quoique nous soyions bien éloignés. Mais j'espère que les prospérités et les bénédictions s'accumuleront sur vous et sur l'enfant dont vous êtes la mère. C'est bien triste de ne la pouvoir souhaiter que par écrit. Mais soyez sûre qu'Albéric ne vous en aime pas moins. »

Les vacances ne ramenaient pas l'écolier dans le Midi. Ses parents de la région parisienne s'ingéniaient à lui rendre agréable son exil loin de Villeneuve.

« Nous avons été voir hier Mme et Mlle de Beaumont à Vincennes. Le château dans lequel M. de Beaumont commande, et dans lequel ils logent, m'a paru bien beau, et surtout bien intéressant, à cause de son donjon et de son arsenal. Ma tante m'a amené chez le gouverneur du château, le marquis de Puyvert, qui a été enfermé pendant tout le règne de Bonaparte ».

La lettre qui donne ces nouvelles à Mme Alphonse de Blanche n'a pas la belle tenue des précédentes. La marge n'est pas régulière, les lignes ne sont pas droites, les ratures et les surcharges ne manquent pas, les caractères sont mal formés. On est en vacances. Mais ce qui ne change pas c'est le cœur d'Albéric. Une de ses sœurs, Anita, allait quitter la maison paternelle. Il s'en afflige pour sa mère. A deux reprises il revient à cette « cruelle séparation » ; et comme pour compenser la perte de l'absente, à sa signature, il ajoute cette protestation filiale : « Albéric de Blanche qui vous aimera toujours tendrement ».

La révolution de 1830 qui fait disparaître de France Charles X et les siens, nous cache aussi, brusquement, la petite existence d'Albéric de Blanche. L'école de Mantes est supprimée. Le jeune écolier est revenu à Villeneuve. Il continue ses classes dans sa famille, sous la direction d'un homme que nous retrouverons au cours de cette histoire, Edouard Manec.

Edouard Manec, né à Clairac, le 30 mai 1808, est, au moment de la révolution de juillet, un jeune tonsuré de 22 ans, qui semble incertain de sa vocation. Les temps, il est vrai, ne sont guère favorables aux prêtres. On sait comment les débuts du règne de Louis-Philippe furent marqués par une hostilité ouverte contre le catholicisme. Peut-être, dans cette atmosphère de violence et de calomnie contre le clergé, l'âme d'Edouard Manec trembla-t-elle un peu. C'est une tradition, chez les Blanche, que ce fut Mgr Levezou de Vezins, évêque d'Agen, qui désigna Manec à la confiance de la famille, pour les fonctions de précepteur.

De 1830 à 1834, Edouard Manec enseigna à Albéric le latin et l'espagnol, les mathématiques et l'histoire, et il le mena jusqu'aux frontières du baccalauréat. Un diplôme délivré par l'Académie de Toulouse, en date du 14 novembre 1834, témoigne qu'Albéric a subi, à son honneur, les épreuves de cet examen qui fait, aujourd'hui encore, le tourment de tant d'écoliers.

CHAPITRE II

—

L'ÉTUDIANT DE TOULOUSE ET DE PARIS
(1834-1837)

Conseil d'une mère, le problème du théâtre, un règlement de vie, après une lecture de Lamartine, une séance des Jeux floraux. La question de Louis XVII, la direction spirituelle de Mme de Blanche, impressions de Paris, la licence en droit.

Sur les délibérations qui précédèrent le choix d'une carrière, nous n'avons ni un document ni une confidence. Nous savons seulement qu'en 1835, Albéric de Blanche est à Toulouse où il fréquente les cours de lettres et de droit.

La présence à Paris de sa tante Coralie de Blanche, ancienne chanoinesse de Sainte-Anne, de Munich, aurait pu incliner ses parents à envoyer leur fils à l'école des grands professeurs de la capitale. Coralie de Blanche y comptait bien un peu, et elle marqua de l'étonnement qu'on eût préféré Toulouse. Mais on s'explique sans peine le choix de la famille. Toulouse était beaucoup moins loin de Villeneuve. La

vie y serait moins chère. Les amis n'y manquaient pas ; l'archevêque, Mgr d'Astros, serait
un protecteur.

Quand il arriva à Toulouse, pour y commencer sa vie d'étudiant, Albéric s'installa rue
du Taur, chez M. Bida, lithographe, et donna à sa
mère ses premières impressions. Nous n'avons
point sa lettre. Mais nous avons la réponse de
Mme de Blanche :

« Il me semble que tu t'es bien casé, et pas
trop cher. Armand connaît ton hôte qui ne
manque pas d'esprit, mais qui est grand républicain. Tu feras bien de te tenir pour averti.

Dans son voyage, Albéric avait dû faire des
rencontres peu souhaitables. La prudente
mère philosophe là-dessus :

« Tu vois, mon bon ami, qu'on trouve sur
son chemin, plus de mauvais sujets que de
bons. Le détail de ton voyage me le prouve.
Tu as fort bien agi, mais prends garde de ne
pas te fier aux apparences. On m'a dit ici que
ce M. de G. dont tu parles est un mauvais
sujet. Aussi ne te lie pas facilement avec ceux
que tu rencontres, parce qu'ensuite, quand on
sent la nécessité de les abandonner, cela peut
donner des désagréments. Sois très réservé avec
les jeunes gens que tu ne connais pas. C'est un
grand avantage d'avoir de l'esprit, de l'instruction, quand on veut conserver des principes

et rester bon. Je plains de tout mon cœur les pauvres jeunes gens qui n'ont point assez de moyens, ni assez de caractère, pour agir par eux-mêmes et qui se croient obligés de faire comme le grand monde. Dieu merci, je n'ai point à craindre cela pour toi, mon cher enfant. Tu as tout ce qu'il faut pour te conserver pur et j'en remercie le ciel tous les jours. »

Et dans une autre lettre (20 novembre 1835), nouvelles recommandations de réserve :

« Je crois que tu feras bien de ne pas recevoir de visites toute la matinée, car on prétend que si tu prends l'habitude de recevoir des étudiants, ils ne te laisseront pas un moment. Ne te lie pas facilement, mon ami. Car je t'assure qu'il y a peu de jeunes gens sur lesquels on puisse compter. Le jeune T .. (qui ne manque pas de moyens, car c'est lui qui fait dans le petit *Journal des artistes* des articles signés G.), disait, devant Mme de Pichard, qu'on ne pouvait pas suivre sa religion à l'école de droit et qu'il se garderait bien d'aller à confesse et même à la messe. Je crois cependant qu'il était religieux avant de quitter ses parents qui sont tous très pieux. Cela fait bien penser ; et tu vois, mon bon ami, comme il faut se garder ».

En écrivant ces lignes, Mme de Blanche était sûrement persuadée qu'Albéric se garderait de tout contact pernicieux. Mais cette confiance n'était pas tellement entière, ni si fermement inébranlable, que nul doute ne parvint à la troubler. Le jeune étudiant allait au spectacle, et sans transformer ses lettres en feuilleton dramatique, il racontait ce qu'il avait vu. Cette insistance fournit à Mme de Blanche une occasion de rappeler à son fils la sagesse :

« Tous tes amis prétendent que tu vas te pervertir à Toulouse, parce que tu parles, dans toutes tes lettres, du spectacle, des actrices, etc. Moi j'espère bien que non, je pense même que tu suis exactement ton plan d'études et que tu vas rarement au spectacle. C'est une chose au moins dangereuse, et, de plus, une perte de temps. Je compte assez sur ta sagesse, pour croire que tu ne vas pas te mettre en relation avec les acteurs et les actrices ; et que tu te bornes à les voir jouer la pièce, sans te mêler aux jeunes gens qui sont toujours dans les coulisses. C'est un trop mauvais genre, pour que tu puisses l'adopter ».

Albéric aimait sa mère d'un amour ardent. Toute sa vie, elle fut sa fidèle correspondante ; il écrivait peu à son père. Les alarmes de sa mère ne devaient pas le trouver indifférent. Vite il s'empressa de les dissiper (13 décembre 1835) :

« Votre lettre m'a fait bien plaisir, mais un

peu de peine aussi, quand j'ai vu que vous n'étiez pas rassurée sur mes sentiments. Vous pouvez être aussi tranquille que jamais, et je trouve un grand bonheur à vous dire des choses qui vous feront bien plaisir.

« Le spectacle est si loin d'être une habitude pour moi, que depuis que je me suis mis à mon travail, je n'y pense plus. Et vous pouvez être bien sûrs, vous tous qui vous intéressez à moi, que je serai aussi sobre de cette récréation que vous me l'avez recommandé. Dites-le à M. Manec, et aussi priez-le de m'écrire (car j'attends sa lettre) des avis qu'il me tarde de suivre, quant à mes études. — Quatre ou cinq soirées, cet hiver ; c'est tout ce que je donnerai au théâtre. Je trouve d'ailleurs mes soirées silencieuses tout aussi agréables. Quant à la manière dont j'y assiste, je puis vous assurer qu'elle est bien modeste et bien tranquille. Du reste, comme quelques pièces seulement m'y intéressent, je n'entrerai le plus souvent qu'avec des contremarques, ce qui épargnera et ma bourse et mon temps.

« Ce plaisir m'est d'ailleurs canoniquement permis, par un vicaire de Saint-Sernin, que je suis allé trouver, un de ces jours, sans autre indication qu'une phrase de Monseigneur, qui m'avait recommandé, avec intention, tout le clergé de cette paroisse. J'ai rencontré là un

M. Martin, dont j'ai été très content. Je le reverrai encore ces jours-ci. Je suis en retraite.

« Je vous jure que je suis tout aussi content de moi que jamais, et je suis autant, et plus solide peut-être, que je l'ai été jusqu'ici ; quoique vos bons conseils ne me viennent plus que de quinze jours en quinze jours ».

Ces lignes, longues et confiantes, apportèrent à Beurre les plus douces émotions de joie.

« Je me console, mon cher ami, écrivait Mme de Blanche (25 décembre 1835), de t'avoir causé quelque peine, puisque ma petite leçon m'a valu ta bonne et excellente lettre... Je compte sur toi ; j'y comptais, même avant de t'écrire ; mais il m'est doux de l'entendre affirmer tes bonnes résolutions ; et c'est une grande consolation pour moi de te voir persévérer dans la bonne voie. Tous les détails que tu me donnes me font le plus grand plaisir ».

Les voici, ces détails rassurants qu'Albéric mandait à sa mère :

« Je me lève de bonne heure, et jusqu'à 11 heures, heure de mon déjeuner, je suis dehors. A 11 heures je rentre et j'allume mon feu ; je m'enferme jusqu'à 5 heures, excepté les jours où je vais au cours de rhétorique et de philosophie de Gatien, qui est vraiment un homme de grand talent. Il réalise vraiment tout ce que Gillard disait des professeurs de

Paris. A 5 heures, je vais dîner au restaurant, puis je rentre aussitôt chez moi. Si ma chambre est chaude et que j'y aie quelque travail qui m'y attache, j'y reste ; sinon, je prends mon cahier, mon encre, et je vais travailler au salon littéraire jusqu'à 10 h. 1/2, où je rentre pour me coucher ».

Par manière de complément, Albéric annonce que, sur l'avis de son confesseur, il a acheté la Bible de Sacy, en attendant d'avoir le texte latin ; qu'il va entendre M. Cerle, dont les sermons ne sont pas, peut-être, fort éloquents, mais portent à la piété ; qu'il fréquente Mgr d'Astros, et dîne quelquefois à l'archevêché ; qu'il doit être présenté à la réunion de jeunes gens qui se tient chez M. Delpech, docteur en droit ; qu'il a avec Bida le lithographe les meilleures relations.

Avec ce souci de la bonne compagnie, de la religion et des lettres, l'honnête garçon a celui de l'économie. Il fait ses comptes. Le vivre ne lui coûte que 40 ou 42 francs par mois ; encore calcule-t-il qu'en prenant la précaution de déjeuner chez lui, il pourra réduire ses dépenses à 30 ou 35 francs. Quant aux leçons qu'il prend avec un certain M. Cardenal, il s'est arrangé à 25 francs pour deux mois et demi. Seule la cheminée de sa chambre lui donne quelque inquiétude. Elle fume et la propriétaire est une

avare à qui il est impossible d'arracher **un sou**
pour les réparations les plus justifiées.

Cependant, sous la direction d'Edouard Manec, Mme de Blanche et ses amies de Villeneuve
avaient formé une société littéraire. Ces dames
étaient une quinzaine. L'argent des cotisations
était destiné à acheter des ouvrages. Chacun
les lisait à son tour, on les partageait à la fin
de l'année. Albéric était prié de donner son
avis sur les livres à acheter. L'étudiant écrivit,
peut-être, des consultations littéraires, à l'usage
des dames de Villeneuve, mais elles n'ont pas
été conservées. En revanche, dans une lettre
sans date, il conte à sa mère quelques impressions de ses propres lectures.

« Je vous écris du cabinet de lecture, après
avoir fermé à moitié le premier volume du
Voyage en Orient, dans lequel j'ai trouvé aujourd'hui de belles et profondes méditations.
Dans le troisième volume, que j'ai déjà lu en
grande partie, j'ai trouvé des descriptions ravissantes et des pensées sublimes ; mais, aussi,
bien des écarts de génie peut-être, ou des exal-
tations douloureuses... Je ne sais à quoi pen-
sera ma bonne mère, mais voilà l'impression

qui m'est restée de la dernière partie de cet ouvrage magnifique et impérissable.

« Il y a, dans Lamartine, quelque chose de si aimant, de si pieux, une conviction si intime et une poésie si sentie, qu'il m'est délicieux par dessus tout ce que je connais. Chateaubriand n'a pas, comme ce poète, ce secret de vous lier d'amitié avec chacune de ses pensées et de ses larmes.

« Lamartine, la Bible, voilà mon pain quotidien. Dans celle-ci, les épîtres de saint Paul sont un des livres où je trouve le plus de suc ».

A cette profession de foi littéraire, Albéric joint quelques réflexions sur la dernière fête des Jeux floraux.

« J'ai assisté, hier, à la distribution des fleurs de Clémence Isaure. C'est une cérémonie très belle, à mes yeux, parce qu'elle a une antique et poétique origine, et beaucoup de nationalité. M. de Toulza, dont vous avez entendu parler, n'a pas eu la fleur destinée à l'ode, quoique son *Luther* soit généralement placé au-dessus des autres ouvrages des concurrents. Je ne sais pourquoi on a préféré à cet ouvrage une ode, très belle d'expression, mais sur un sujet rebattu. Serait-ce que la première est philosophique, de haute portée, et enfin catholique ? On serait tenté de le croire. »

L'ode qui avait obtenu, au désespoir d'Albéric, l'amaranthe d'or, était de M. Henri Cornac, étudiant en droit. Le débutant, de Grenade-sur-Garonne, l'avait emporté sur tous ses rivaux : Mme d'Abouville, de Paris, « jeune femme entrée avec éclat dans la carrière des lettres » ; M. Agron d'Ouroux (Saône-et-Loire) ; M. Désiré Carrière, professeur au collège de Vic (Meurthe). Quant à Philippe de Toulza, dont Albéric de Blanche trouvait le *Luther* supérieur au *Festin de Balthazar* couronné par l'Académie. le secrétaire perpétuel, dans son *Rapport*, s'expliquait très nettement sur ses « beautés » et ses « taches ».

« Peut-être, disait-il, [M. Philippe de Toulza] a-t-il eu le tort de s'élever, dès le début, à une hauteur que peu de poètes pourraient soutenir.

Trois siècles sont passés, depuis que, sans rivale,
L'Eglise du Messie, immense cathédrale,
Enracinait ses pieds dans les veines du sol.
Qu'il était beau de voir ses clochers, ses tourelles,
Et ses dômes géants, et ses aiguilles frêles,
Qui montaient aux cieux dans leur vol !

Qu'il était beau de voir ses superbes rosaces,
Couronnes d'empereur, qui, sur les larges places,
N'allumaient leurs fleurons qu'aux feux de l'Occident.
Tandis que les vitraux, où Docteurs et saints Pères
Sous leurs manteaux d'azur penchaient leurs fronts
[sévères
S'embrasaient au soleil levant.

Quand la brume du soir éclipsait les étoiles,
Le temple apparaissait comme une nef sans voiles,
Et ses mâts se perdaient dans les vapeurs du ciel.
Ses matelots chantaient le cantique des fêtes,
Son pilote voyait, au travers des tempêtes,
Surgir le rivage éternel [1].

Après ces strophes qu'ils admiraient, les juges déçus de rencontrer, dans le texte de l'ouvrage, « des vers faibles ou obscurs », quelques « allégories, un peu prolongées, un peu confuses et dépourvues de justesse », avaient préféré la poésie de M. Cornac à celle de M. de Toulza. Mais ils avaient accordé à celle-ci les honneurs de l'impression dans le *Recueil,* des Jeux floraux ; et même le vicomte de Panat avait ajouté, dans son Rapport, ces lignes flatteuses : « Nous aimons à nous associer d'avance aux éloges que doit obtenir un jeune lauréat, dont la gloire est chère à l'Académie, car ses ouvrages embellissent nos collections et ses talents sont une des plus sûres espérances de nos concours à venir [2] ».

Philippe de Toulza avait présenté au concours de 1831 *Une fille de Jephté,* au concours de 1832, *le Fiancé,* au concours de 1834, *la Recluse.* C'est de ces victoires passées que le secrétaire perpétuel tirait d'heureux présages. Mais les

[1] *Recueil, de l'Académie des Jeux floraux,* 1835, p. 32.
[2] *Ibid.* pp. 206-207.

promesses de prix à venir ne semblaient peut-
être à Albéric qu'une dérision. Il avait dix-sept
ans et l'impatience naturelle à cet âge.

Il aurait manqué quelque chose à la vie d'Albéric, étudiant à Toulouse, si nous n'y avions
découvert, par quelque endroit, les Jeux floraux.

* *

A défaut de ces concours littéraires, les habitants de Beurre avaient à raconter dans
leurs lettres, les bals du carnaval, les prédica-
tions du carême et aussi les discussions politiques que soulevaient parmi les royalistes du
Lot le problème de Louis XVII.

Au printemps de 1835, le journal *La Justice*
avait pris la défense de la cause de la survivance du Dauphin. Les numéros de ce journal
promenés de château en château, provoquaient
la curiosité, la défiance, la sympathie, le choc
des opinions contraires. Après avoir entendu,
dans son salon, des échos de ces disputes ardentes, Mme de Blanche finit par s'abonner à
la *Justice*. Le 3 mai, elle écrivait à son fils :

« Je te dirai que je crois plus que jamais à
Louis XVII... Je l'espère beaucoup et je le désire vivement. Voyant en cela l'action bien

marquée de la Providence qui ne fait pas de miracles inutiles ».

Les jours où les amis s'empressaient à Beurre la question de Louis XVII était le grand sujet des causeries. Lamennais et l'*Avenir*, la duchesse de Berry et la guerre de Vendée avaient défrayé autrefois des conversations sans fin. Maintenant on ne parlait plus que du miraculeux échappé du Temple. Les Caussade, les Silvestrie, les La Galvagne, les Raffin étaient divisés là-dessus. Henri de La Galvagne et Mme de Caussade tenaient les dires de la *Justice* pour des fables et se moquaient de la crédulité de Mme de Blanche. Celle-ci, en mandant à son fils ces détails, ajoutait :

« Le journal *la Justice* dit des choses bien singulières, que nous sommes tous portés à croire. Lis le... et tu me diras ce que tu en penses... je pense [moi] que, si réellement le Dauphin existe, c'est lui qui est destiné à réunir tous les Français. C'est un moyen que la Providence nous réservait et qui serait un miracle... Coralie — [la tante d'Albéric qui habitait Paris] — qui n'y voulait croire d'aucune manière me mande maintenant qu'elle est fort ébranlée et ne sait plus que dire ; tant elle voit de choses étonnantes à ce sujet. Lis donc *La Justice* ».

Nous ne savons à quelle opinion le jeune

étudiant put s'arrêter, ni ce qu'il put dire à sa mère, des idées courantes des royalistes toulousains, sur un problème qui était à l'ordre du jour, parmi les ennemis de l'orléanisme.

Il se pourrait bien qu'il fût, comme sa mère, partisan de la survivance du Dauphin. On est tenté de le déduire d'une lettre de reproches, que lui écrivait un de ses amis, Henri de la Galvagne. Albéric avait dû faire allusion à la fragilité d'une légitimité personnifiée dans le duc de Bordeaux. Peut être n'était-il pas disposé à appeler cet enfant, avec les poètes, « l'enfant du miracle ». En tout cas, Henri de la Galvagne lui décoche ces lignes hautaines et ironiques :

« Je n'approuve pas ton jeu de mots sur « Sa majesté très peu majestueuse » J'ai cru, jusqu'à présent, que la légitimité portait en elle-même une majesté assez éclatante, pour que la personne qui la représente puisse s'en affranchir. Mes principes sont anciens, surannés peut-être. Mais ils ont cela de particulier et d'honorable qu'ils ne se modifient point, selon le physique agréable du duc de Bordeaux, ou les roueries plus ou moins bien combinées d'un Louis XVII ».

Dans sa correspondance, Mme de Blanche abonde en nouvelles villeneuvoises. Par les menus détails où elle se complait, elle semble vouloir prolonger, jusqu'à Toulouse, les échos de la vie de famille. Elle s'occupe aussi du vestiaire de l'absent. Elle lui recommande de ne pas se meurtrir les pieds avec des bottes trop justes ; de ne pas confondre le velours à mettre à son chapeau avec celui qui convient au col de son habit. Elle l'engage à faire bonne figure, dans les bals de la société toulousaine qui le reçoit. Plus encore insiste-t-elle, pour qu'il fasse souvent visite à Mgr d'Astros.

Mais la confiance qu'elle avait dans Albéric, la haute idée qu'elle a de son rôle de mère, l'entraînent aussi à des conseils d'un ordre plus élevé. Albéric se confessait, nous l'avons vu, à un prêtre nommé M. Martin, lequel paraît avoir été, dans la Toulouse de 1835, un grand conseiller des jeunes catholiques. Il semble que cet excellent prêtre fût quelque peu janséniste, dans sa manière de concevoir la préparation aux sacrements. Il y voulait des retraites préalables, auxquelles Albéric ne se pliait guère, parce qu'il les considérait comme un temps inutilement arraché à ses études. Mme de Blanche consultée répondit à son fils (1er janvier 1836) :

« Je suis tout à fait de ton avis, en ce qui se rapporte à ta conscience. Je sais que tu ne t'approches pas des sacrements légèrement ; [les] fréquentes retraites, je crois, ne te valent rien, puisque, dans les temps ordinaires, tu n'es pas trop dissipé. Je suis donc tout-à fait d'avis que tu exposes toutes tes raisons à M. Martin, qui les comprendra, si c'est un homme d'esprit. Si le contraire arrivait, je pense que tu ferais bien de choisir un autre directeur ».

Puis passant de la fréquentation des sacrements à la fréquentation des amis, la prudente mère ajoute :

« J'entre parfaitement dans toutes tes idées ; et je crois, d'après ton caractère, que tu ne dois pas faire ta société des jeunes gens qui ne sont pas dans les mêmes principes que toi. Comme tu ne dois pas non plus les rechercher, même dans de bonnes vues, parce que ce serait présomption de ta part. Lorsque l'occasion s'en présente, tâche de les porter au bien, par tes exemples ou tes discours ; sans avoir l'air de le faire avec supériorité. De cette manière, tu seras aimé et tu ne seras point envié... »

Enfin viennent des règles de conduite générale :

« Rappelle-toi surtout que nos actions les plus simples sont agréables à Dieu, si nous les faisons en vue de lui plaire. J'aime cette dévotion, qui est celle de saint François de Sales, mon saint par excellence.

« Fais ce que je te dis, et non ce que je fais. Je suis bien loin d'être en poste dans cette voie. Si j'avance, c'est comme un infirme, qui se traîne plutôt qu'il ne marche ; mais mes intentions sont bonnes ; et je compte sur la miséricorde de Dieu. Toi qui es jeune et robuste, tu feras meilleure route, je l'espère. Mais il ne faut pas te surcharger de bagages... Les petites pratiques de dévotion trop multipliées ne feraient que t'entraver ; quoiqu'il ne faille point blâmer ceux à qui elles conviennent... Dans une sujétion trop grande, en fait de dévotion, on te donnerait des scrupules ; ce qu'il faut éviter soigneusement ».

Les lettres échangées, par la suite, entre Beurre et la rue du Taur, nous manquent. Nous ne savons à quoi aboutit cette direction spirituelle donnée par une mère familière avec la *Vie dévote* de saint François de Sales. Puisque Mme de Blanche et son fils étaient d'accord ; il est à croire qu'Albéric se mit aussi d'accord avec son confesseur. Sa haute piété n'avait pas besoin d'un système de précautions indispensable aux chrétiens médiocres. Dès cette époque, son âme a la ferme attitude qu'elle gardera toujours.

En 1836, Albéric étudia le droit à Paris. Au premier moment, la vie lui paraît bien factice et tout essoufflée, dans cette capitale « où l'on n'a pas le temps d'attendre ; où tout tombe inopinément ; où le mérite semble un hasard, la réflexion un vol fait à la destinée et le repos une chimère dont il faut rire ». Quel contraste avec la tranquillité de Beurre ! Quelle pitié profonde le provincial éprouve pour le « pauvre sort parisien, balloté, tourmenté, usé, s'achevant sans la conscience de soi et s'étonnant, à la fin, d'une vie qui n'a jamais commencé ». Dans un cerveau de vingt ans, voilà une philosophie bien amère.

Albéric était logé rue Taranne, chez sa tante, Coralie de Blanche. Et il semble bien que ce voisinage l'entraînât à ces considérations pessimistes sur l'essoufflement parisien ; car il trace de son hôtesse ce portrait, où les coups de crayon sont appuyés d'une main vigoureuse.

« Mille plans formés, mille propos poursuivis, avec cette vague ardeur d'imagination et cette paresse d'habitude que vous connaissez, mande-t-il à sa mère. Comme une enfant qui fait des commissions à travers les merveilles du beau Paris, elle se laisse entraîner à tout ce qui est fait pour les grands loisirs ; les délais expirent ; alors prenant contre elle-même l'irritation du maître, elle accuse la fortune, tous ceux qui n'ont rien fait, parce qu'elle n'a rien commandé, ou commandé des choses impossibles. Une confiance absolue jetée à tout le monde. De là des mécomptes sans fin, des trahisons, des sujets de haine. A côté du découragement complet, une longue et patiente activité dépensée à des enfantillages. Mais vous devinez tout. Je ne sais pas comment elle se tirera de l'embarras où elle marche en aveugle. Elle s'étourdit sur les conséquences. Elles sont effrayantes à calculer. Au reste, à côté d'elle, il ne faut pas y penser, il faut la suivre à travers les chances les plus menaçantes, et se confier au sort, si mieux on n'aime élever à Dieu une continuelle résignation ».

Malgré ses ardeurs idéalistes, Albéric ne connaît pas cette belle insouciance. Les examens approchent ; il voudrait avoir de quoi en payer les droits au plus tôt, avec des ressources autrement assurées que celles qui s'échapperont pour lui des mains de M. de Montaiglon, « des mains de procureur ».

Paris ne lui a point enlevé le désir de revoir les siens. Il y a dans son cœur un flot « de sentiments refoulés par l'activité extérieure » mais « prêt à s'épandre dans le premier moment de solitude intellectuelle qui lui sera permis ». Il aspire à cette « délivrance » ; il demande à Dieu de la hâter. Et en attendant l'heure bénie qui le joindra aux siens, il met toute sa tendresse « dans le baiser » qu'il envoie, « de cœur et de bouche, sur le papier », à sa mère très aimée.

Des études juridiques du jeune étudiant, des livres qu'il lit, des maîtres qu'il entend, nous ne savons rien du tout. A ses diplômes académiques se réduisent toutes nos informations. Bachelier en droit, le 2. décembre 1836, par devant l'académie de Toulouse, Albéric de Blanche fut déclaré, le 19 août 1837, licencié en droit, par l'académie de Paris. Mais, de sa vie, l'homme ne plaida une question de mur mitoyen devant un tribunal. Muni du parchemin qui attestait son *curriculum* à la faculté de droit, il s'évada pour toujours de la basoche.

CHAPITRE III

—

UN TÉMOIN DU RENOUVEAU CATHOLIQUE
SOUS LOUIS-PHILIPPE

(1387-1842)

*A l'Institution Maurice, Albéric sera-t-il fonctionnaire ? Conseils
de Manec.*

*Prophéties politiques d'Albéric, le renouveau religieux de Paris,
l'amitié de Victor Gay, les Pèlerinages de Suisse, la Confrérie
de Saint-Jean, la Confrérie de Saint-Paul, l'Institut catholique.*

*Projets d'avenir, nouveaux conseils de Manec, Mgr Dupuch à
Bordeaux, la direction du P. de Ravignan, une retraite à Paris,
Albéric professeur à l'Institution Maurice, lettre de Manec,
une soirée chez les Gay.*

*Lacordaire restaure les Frères Prêcheurs, son fameux discours
sur la vocation française, Ozanam et Lenormand à la Sorbonne, les conquêtes des prédicateurs.*

Retourné à Paris, après les vacances de 1837,
Albéric de Blanche commence à y esquisser le
programme de sa vie future. La question du
pain quotidien devait être, à ses yeux, résolue par le travail quotidien. Peut-être écrira-
t-il dans les journaux catholiques ; peut-être
deviendra-t-il fonctionnaire. Mais, en attendant que se lèvent les deux points d'interroga-
tion, il ne reste pas oisif. Foulant aux pieds tout
préjugé de caste, il essaie de gagner sa vie, en

donnant des leçons à l'institution Maurice. Parmi ses élèves, il en est de reconnaissants qui lui écrivent ces lignes charmantes :

« J'ai plus acquis en dix-huit mois, [à l'institution Maurice], que je n'aurais fait partout ailleurs en trois ans... J'ai appris, par dessus tout, à aimer le travail et la vertu ; et c'est le premier pas vers le bien ».

Passé à l'institution Martelet, **rue des Quatrefils, 8, au Marais**, afin d'y préparer les examens d'entrée à l'école polytechnique, Ernest Bonnefoy ajoutait :

« Au sortir de ce tabernacle de paix [qu'est l'institution Maurice], je tombe au milieu de soixante collégiens libérés, qui, retenus longtemps dans des liens trop serrés, se croient tout permis, parce qu'un des anneaux de leur chaîne s'est rompu, se débattent, se heurtent, et font jaillir les passions de leur choc.

« Oh! c'est alors que je sens tout le **prix des** instructions reçues de M. Maurice. C'est alors que je l'admire, lui et *tous ceux qui lui ressemblent*. C'est alors que j'envie leur estime.

« ...Si vous avez l'obligeance de me faire savoir, dans quelques jours, à quelle heure je pourrai vous trouver le dimanche, il ne se passera pas longtemps avant que j'aie le plaisir de vous voir ».

Le métier de professeur nourrit malaisément

son homme. Peu renté. préocupé d'être le moins possible à charge à ses parents, Albéric de Blanche cherchait un emploi rémunérateur et il s'ouvrait à sa mère de ses projets d'écrire dans l'*Univers* ou d'entrer dans une administration publique. On devine à quelle susceptibilité ombrageuse se heurterait chez les siens l'idée de servir le gouvernement de Louis-Philippe. Mme de Blanche se hâta de répondre à son fils :

« Ton père est effrayé de te voir entrer, pour quelque chose, dans le gouvernement ; et moi je t'assure que, dans le moment actuel, j'en suis peu satisfaite. Si tu obtiens le journal dont tu nous parles, c'est ce qu'il y aurait de mieux ; d'autant qu'il te serait facile, je crois, d'en obtenir la rédaction ou d'y écrire ; ce qui doublerait tes appointements. Enfin, mon cher ami, je ferai tout pour arriver à l'accomplissement de tes désirs... et j'espère que Dieu nous viendra en aide ».

Dans la suite de cette histoire, nous verrons reparaître ces questions de journalisme, de fonctionnarisme et de professorat, qui s'esquissent déjà en 1838.

Naturellement Manec est tenu au courant. Les relations entre l'ancien précepteur et l'ancien élève étaient de la cordialité la plus confiante. Voici comment Manec s'exprime, en écrivant à ce jeune homme de vingt ans, pour qui il avait une si haute estime :

« Je vous remercie, mon cher Albéric, de votre affectueuse lettre. Il est des paroles sympathiques, qui savent trouver le chemin du cœur et cela sans efforts ! puissance qu'elles ont reçu de Dieu et de l'amitié ! Telles sont les vôtres, bien cher ami.

« Et puis, les paroles sympathiques ou intelligentes sont si rares ici. Mais qu'importe ! Dieu est partout et la liberté avec Dieu. Oh ! oui. Mais que ne suis-je avec Dieu et partout et toujours ! Heureuses ces natures fortes et persévérantes, qui savent hausser leur volonté jusqu'à la volonté suprême ; rattachant leur frêle barque au grand vaisseau de la Providence, et voguant, les yeux au ciel, sûrs d'arriver au port, et bercés, dans leur route, d'espérance sublime !

« Hélas ! j'ai voulu faire comme eux. Je l'ai tâché souvent ; et toujours ces nœuds, sans vigueur, formés d'une main mal assurée, se sont rompus aux jours de tempête. Je me suis trouvé seul, perdu sur l'océan immense, et n'apercevant plus, que comme une lueur lointaine, l'heureux vaisseau que j'avais quitté. Je m'épuise sans fin, à regagner l'heure perdue. Mais le vaisseau, que favorisent les vents du ciel, vogue et s'avance toujours.

« De toutes les vertus la persévérance est la
plus difficile. C'est que l'enthousiasme ne peut
rien pour elle. La volonté humaine, c'est le
cristal où le ciel peut, il est vrai, se réfléchir,
vaste et pur, mais où la terre et les arbres se
reflètent aussi ; le cristal que ternit la vapeur
la plus légère et que le moindre choc brise et
fait jaillir en éclats.

« Je me suis associé avec amour à vos projets
d'études. J'espère, comme vous me le promet-
tez, que vous ne m'y laisserez pas étranger.
Pourquoi vos lettres sont-elles si rares ? Venez
donc quelquefois causer avec moi, tant que
nous le pouvons encore. Puisque vos souvenirs
d'autrefois vous font du bien, nourrissez-les.
Le souvenir est le parfum de l'âme. Heureux
ami ! vous n'avez semé, dans la route déjà sui-
vie, que des fleurs pures et saintes. Dieu, j'en
ai l'espoir, les cueillera dans l'avenir, pour
vous en faire une couronne.

« Merci du dessin que vous m'avez envoyé.
Merci de la tête de solitaire à qui je pense
quelquefois. Merci de tous vos souvenirs. Vous
les dominez tous, comme la statuette domine
l'ange rebelle. Adieu... Je vous embrasse de
cœur et suis votre ami bien affectionné ».

Manec avait l'âme dolente. Albéric, qui le
savait, devait mettre dans ses lettres tout son

cœur, pour consoler ce solitaire, si mal fait pour la solitude, et si souvent victime du démon du découragement. Que n'avons-nous ces lettres d'Albéric ! Elles nous révèleraient un aspect nouveau de sa nature si noble.

*
**

On sait comment le ministère Molé, en 1839, succomba sous la coalition du centre et de la gauche dynastique. Vaincu aux élections de mars, il se retira. L'occasion sembla excellente aux républicains, conduits par Blanqui et Barbès, de tenter une émeute, en plein Paris (12 mai). Quatre mois après, Albéric mandait à sa mère :

« Les journaux vous ont appris ce qui s'est passé. Ce qu'ils font bien de ne pas répéter, ce sont les bruits sinistres qui continuent de circuler dans Paris, et que quelques circons-tances de la dernière émeute accréditent d'une manière effrayante. Au reste l'ordre paraît sûr de triompher, non contre la république, mais pour la république ».

De telles prophéties politiques eussent fait hausser les épaules à Guizot, ministre diri-geant ; il pensait que ses idées et son action don-neraient à la monarchie de juillet une stabilité qui lui manquait depuis son origine. Les efforts de l'homme d'Etat conjurèrent, pendant neuf ans, la crise dont Albéric parlait en 1839.

En passe de scruter l'avenir, ce jeune homme de vingt ans s'aventurait, d'ailleurs, bien au-delà des frontières du droit constitutionnel et du parlementarisme. Il disait à sa mère :

« Dieu est là. Il se communique à quelques âmes, avec une plénitude de foi et de grâce, qui présage quelque grand renouvellement. Les hommes, les familles même y seront peut-être bien peu de chose. L'éternelle vertu de Jésus-Christ sera tout ; et nous mènera à l'accomplissement de son Evangile. Dieu le veuille ! Ainsi soit-il !

« Il y a des bouleversements de conviction bien merveilleux et glorifiant d'une éclatante manière l'immortelle foi que nous professons. On voit la science saint-simonienne s'écrouler du haut de son orgueil, tomber aux pieds de Jésus-Christ, et se relever comme Saul apôtre des gentils. Des livres plus précieux que des restaurations par le canon et par l'épée, font entendre déjà la voix du siècle futur. Tout sera renouvelé, dans la paix, dans l'obéissance à Dieu et à l'homme, par l'amour de Dieu, dans le travail qui se conquiert la force dispersée, dans l'humilité qui fonde la paix, l'amour et l'obéissance, et la véritable et primitive dignité humaine. Oh ! Dieu le veuille ! Jésus-

Christ, maître du monde, vienne nous sauver de la dernière servitude ! »

Devant cette vision d'éspoir, l'âme du jeune chrétien interpelle dans une prière ardente le Christ ressuscité :

« Libérateur du monde, délivre-nous des dernières chaînes qui pèsent sur l'immortelle liberté des fils de Dieu ! Remplis-nous de cette force divine, par laquelle tu brisas la pierre du tombeau ! Que nous nous levions comme toi, sans suaire ; que tout ce qui n'est pas de notre immortalité reste dans la mort, et dans la demeure de la mort, où nous sommes couchés ! Nous attendons l'éclat de ton apparition, dans Emmaüs ; notre cœur est tout brûlant en nous et nous ne t'avons point connu. Oh ! révèle-toi, découvre ta face lumineuse dans le Sacrement impérissable du pain et du vin !

« Oui. ô Christ, ô mon Dieu ! Vous avez fondé dans la Communion donnée alors, le symbole de la société future ! Vous avez institué l'Eglise, la hiérarchie de l'échelle qui monte aux cieux ! Vous avez tout fondé, tout donné, tout accumulé, dans l'âme humaine ; et nous ne vous connaissons pas encore.

« Notre voix s'élève pour glorifier le Rédempteur du monde. Nous monterons sur les toits de la cité. Nous crierons l'hosanna des Gentils

que vous aviez conviés à vos noces éternelles.
Agneau, pain et vin pacifiques, aliment de
tous, que vous avez donné à tous ; pain qui
nourrit le monde, vin qui le désaltère, nous
vous glorifions ! »

Et ces effusions lyriques répandues sur le
papier, le matin d'une communion pascale,
ne sont pas d'une exaltation passagère qui
s'apaise dans l'oubli. Le cœur de ce fervent
jeune homme est épris d'action En achevant
sa lettre à sa mère, il conclut :

« Je vais tâcher de causer avec M. de Montalembert. Je lui soumettrai ma position, mes
sentiments, mes travaux. Si nous devons
retourner à Villeneuve, je me plongerai dans
l'étude des langues et de la philosophie, afin
d'accomplir l'œuvre que j'aurais dû embrasser,
je le vois, il y a deux ans, sans autre désir que
de plaire à Dieu... Quelques amis m'enga-
gent à faire un long ouvrage sur la littérature
catholique espagnole. J'y travaillerai à Villeneuve, j'en apporterai les essais à Paris au
carême prochain. »

Pour donner et garder à son âme cette
noblesse, Albéric n'avait qu'à écouter les voix
du foyer domestique. Né dans une maison où
les traditions de l'honneur et de la foi sont un
trésor de famille, il lui suffit de ressembler aux

siens, pour vivre dans le devoir. Mais, bien loin de Beurre, dans le Paris fiévreux qu'il décrivait à sa mère en ses premières lettres de 1837, il a aussi, pour l'entraîner au bien, les exemples d'une jeunesse admirable.

Des étudiants viennent de fonder les conférences de Saint-Vincent de Paul. Lacordaire est déjà monté dans la chaire de Notre-Dame et il va rétablir en France les Frères Prêcheurs. Le salon de Montalembert est envahi par une foule de chrétiens et de prêtres, en quête d'un conseil ou d'une protection. Dans la Sorbonne de Michelet et de Jouffroy, Ozanam fait applaudir sa thèse sur la *Philosophie de Dante*. Les *Pèlerinages de Suisse* annoncent aux catholiques qu'un des leurs a une plume capable de venger les vieilles croyances. C'est dans cette troupe, recrutée, en partie, par l'influence de Lamennais, et dont les *Paroles d'un croyant* n'ont pas déconcerté la marche en avant, qu'Albéric a déjà trouvé ou trouvera ses meilleurs amis.

Le premier en date et le plus cher de ces amis fut Victor Gay, le frère du futur évêque d'Anthédon. Quelques lignes d'Albéric exprimeront la pureté et l'élévation admirables de cette amitié chrétienne. Le jour de Pâques, encore tout embaumé de la communion qu'il vient de faire et de ses entretiens avec le Christ ressuscité, Albéric écrit à Victor :

« Ami, votre âme m'a tout donné. Permettez que je vous donne un peu de mon âme ou du moins quelque chose qui l'ait touchée. Recevez ceci avec toute la joie dont votre cœur surabonde quand vous donnez ».

Suivent les stances du fameux sonnet de sainte Thérèse :

No me mueve, mi Dios, para quererte
El cielo que me has prometido.

Comme Victor Gay ne sait pas l'espagnol, Albéric tente, du chant de la sainte, une traduction latine, qui est fort loin de valoir ses intentions. puis il termine par ces lignes :

« Ami, reçois dans ton âme ceci qui vient de l'âme. Tu ne profaneras pas dans une oreille impure ces murmures d'amour dont s'enivrait sainte Thérèse et tu cacheras à jamais dans ton cœur le souvenir de celui qui te les confie.

« Mais, entends-tu ? Le Christ est ressuscité. Celui qui était descendu dans la mort pour combattre la mort, l'a vaincue. O joie sans égale ! O triomphe ! O jour glorieux pour le Sauveur et pour nous !

« C'est lui, le *Victor*, le vainqueur de la mort ! C'est lui qui t'a donné ton nom. *Tu nobis Victor Rex miserere.* Réjouis-toi, Victor, si le puissant et le fort t'a touché, si le Victorieux t'a murmuré en silence quelque mot ravissant du mystère qu'il chantait à sa bien-aimée ! »

On comprendra sans peine l'effet que dut produire, sur des âmes aussi vibrantes de foi, le premier livre de Louis Veuillot, les *Pèlerinages de Suisse*.

Ceux-ci parurent vers la fin de février 1839. Ecrit au lendemain de la conversion, ce livre révélait, dans sa noblesse et sa vaillance, l'âme nouvelle qu'un pécheur incroyant s'était faite, à Rome, dans le repentir, au pied des autels. Poétiques, tendres, fières, ces pages firent frémir d'espoir les jeunes catholiques qui saluaient un chevalier vainqueur dans cet écrivain hier encore inconnu d'eux. Le normalien Edouard Dumont le dit assez vite dans l'*Université catholique* et chaleureusement. *L'Univers religieux* ne s'empressa point autour du nouveau venu. Il y avait un an que les *Pèlerinages* avaient paru, lorsque le journal s'en occupa (4 février 1840). Mais, s'il était tardif, l'éloge était fort vif. J. B. L. s'avançait jusqu'à dire : « Les *Pèlerinages de Suisse* assurent à l'auteur une des places les plus remarquables, parmi les écrivains auxquels l'avenir appartient et à qui le sceptre des idées est promis... »

Et ce n'était pas là une poignée d'encens

prodigué, par camaraderie, à un confrère très ami. A cette date, Louis Veuillot n'est encore rien à l'*Univers*, si ce n'est une espérance. Il a écrit deux feuilletons, l'un (16 juin 1839) sur la bénédiction de l'église des Oiseaux, l'autre (4 décembre) sur l'*Histoire de France* d'Amédée Gabourd.

Pendant les vacances de 1839, tandis qu'il était dans le Midi, Albéric de Blanche avait reçu, de son ami Victor Gay, ces confidences sur les *Pèlerinages de Suisse* :

« Aujourd'hui qu'on n'a guère à sa disposition que les farces de M. Alexandre Dumas, il est bien bon, je vous assure, de voir que la Suisse a été visitée par de fervents catholiques ; et que, parmi cette foule d'Anglais qui inondent tous les pays pittoresques, on peut parfois rencontrer des pèlerins qui s'agenouillent devant la Croix et qui prient dans ces ravissantes petites églises rustiques. Depuis que j'ai achevé ce délicieux petit ouvrage, écrit en toute naïveté et simplicité de cœur, je me suis promis qu'à mon retour à Paris, j'irai trouver l'auteur, dont je compte faire un très bon ami ».

Le 3 décembre, la rencontre est faite. Victor Gay est ravi de Louis Veuillot, qu'il appelle « un excellent jeune homme, bien chrétien, bien simple, et bien vertueux ». Il dit à Albéric : « Je suis sûr que vous ne l'aimerez pas moins que moi ». Puis, dans une lettre **du** 27 décembre, ces lignes où s'expriment les sentiments profonds de la jeunesse catholique d'alors : « Beaucoup de gens ont dit, dans ces derniers temps, que le catholicisme était mort. Nous pouvons dire de l'Église, comme le Christ disait de la fille du centenier : « Elle n'est **pas** morte, mais elle dort ».

Ce qui donnait à Victor Gay — et à d'autres, car Victor Gay n'est ici qu'un témoin dont la parole vaut pour plusieurs — le sentiment de cette vitalité, c'étaient surtout les réunions diverses où se retrouvaient ensemble les jeunes croyants. On sait ce que furent les conférences de Saint Vincent de Paul dont Ozanam a été l'un des fondateurs. On ignore à peu près complètement la confrérie de Saint-Jean, la confrérie de Saint-Paul, l'Institut catholique, noms et choses si familiers aux catholiques parisiens de 1840.

Lacordaire a créé la confrérie d'artistes placée sous le patronage de saint Jean l'Évangéliste. Le règlement est son œuvre. L'assemblée inaugurale eut lieu le 27 décembre 1839 ; à ce que raconte Victor Gay à son ami Albéric de Blanche : « Nous nous sommes réunis ce matin pour fêter notre patron. Nous avons communié... Nous avons lu ensemble la profession de foi de

Pie IV, qui n'est que le symbole de Nicée plus explicite ; après cela nous nous sommes donné le baiser de paix. On a procédé à la distribution des charges. M. Piel est notre prieur et moi j'ai cru devoir accepter les fonctions de secrétaire... Voilà je pense le germe d'une grande chose. »

M. Geoffroy de Grandmaison l'a rappelé avec justesse, autour des réunions pieuses de la fameuse Congrégation, il y avait d'autres réunions, telles que la *Societé des bonnes œuvres* et la *Société des bonnes études,* dans lesquelles la jeunesse catholique de la Restauration s'essayait à l'apostolat de la charité et à l'apostolat intellectuel. La *Société des bonnes études,* après 1830, comme dans les années qui précédèrent la révolution de juillet, était dirigée par M. Bailly ; et elle tenait ses réunions dans l'appartement du directeur, rue du Petit Bourbon Saint-Sulpice [1].

Le 3 décembre 1839, Victor Gay écrit à Albéric de Blanche : « M. Louis Veuillot vient de reformer l'Institut catholique, dont vous avez entendu parler l'an dernier. C'est une assemblée digne de tout éloge. On a bien voulu de moi et j'en fais partie depuis quinze jours. » Un peu plus tard (27 décembre) Vic-

[1] *La Congrégation,* p. 198, 215, 369.

tor Gay donne de nouveaux détails sur l'ancienne *Société* de M. Bailly réorganisée par Louis Veuillot. « C'est, dit-il, une société amicale d'excellents jeunes gens, qui se réunissent pour travailler. Vous en serez, n'est-ce pas ? Nous avons là d'excellentes têtes et des cœurs très dévoués. Les occupations sont divisées en sections de littérature, d'histoire, de philosophie, de droit, de sciences et d'art. Je tâcherai de donner là quelque travail ». La résolution prise est tenue. Le 10 mars 1840, Victor Gay peut apprendre à son ami qu'il a lu son travail à la conférence, et que, parmi ses auditeurs, il y avait Jourdain et l'auteur du *Livre des peuples et des rois.* ». Ce dernier n'est autre que Charles Sainte-Foi, un ancien de la Chesnaie [1].

C'est probablement à ces réunions de l'*Institut catholique*, que Louis Veuillot faisait allusion, dans un feuilleton non signé, du 12 février 1841, qui fut le premier article qu'il écrivit dans l'*Univers*, en qualité de collaborateur gratuit et régulier.

« Nous autres, catholiques, nous avons nos

---

[1] Par les détails donnés ici, on voit que l'*Institut catholique*, réorganisé par Louis Veuillot en 1839, n'a pas du tout le caractère que lui attribue Eugène Veuillot dans la vie de son frère (I, 209).

réunions mondaines, nos fêtes, nos clubs même... A l'heure fixée chacun des affiliés y accourt, avec plus d'empressement que si l'on devait y trouver des violons et du punch. Hélas ! en fait de choses de luxe, on y trouve de l'eau, et même les chaises y sont en si petit nombre que souvent les retardataires pour s'asseoir, sont forcés d'empiler des in-folios sur le parquet... Nous causons. Chacun applique sans prétention aux choses du moment le fruit de ses cours, de ses études, de son savoir... Partis de divers points et ayant traversé diverses opinions, qui, la légitimiste, qui, la républicaine, qui, la libérale du milieu, nous n'avons pu parvenir encore à nous disputer sur un point quelconque de la politique, ni nous diviser sur aucune question d'homme ou de cabinet. Sans vouloir faire une comparaison qui nous honorerait trop, pareille chose est arrivée aux Apôtres... Pour nous, chrétiens,... éclairés par la foi, guidés par la charité, nous supposons toujours et nous reconnaissons bien vite, que nous voulons louer les mêmes choses sous des noms parfois différents ».

Bienheureuse lune de miel, qui sera trop courte ! Les divisions viendront vite et justement par la politique. Sans tarder, nous trouverons, dans la correspondance d'Albéric de

Blanche, comme dans celle de Louis Veuillot, trace de ces dissentiments. En attendant qu'on se brouille et qu'on se sépare, on en est, au début de 1840, aux effusions des premières rencontres.

Dans ces causeries fraternelles et profitables, si aimablement évoquées par Louis Veuillot, voisinent avec lui Leclerc d'Aubigny, Cyprien Robert, Auguste Bonnetty, Théodore Pavie, Amédée Gabourd, Douhaire, Bazelaire, Jules Tailhan, Paul Lamache, les deux Riancey, Thomassy [1] ; et aussi Charles Jourdain et Charles Sainte-Foi ; et d'autres encore ; à vrai dire, presque tous les jeunes catholiques parisiens qui défendent ou exaltent l'église, la plume à la main. Dans cette élite, Victor Gay introduira Albéric de Blanche.

En attendant ces rencontres bienfaisantes, Albéric passe à Beurre les vacances de 1839. Et c'est de là qu'après avoir conféré avec les siens, il écrit à M. Maurice, le chef de l'institution où il donnait des leçons, une lettre d'affaires, demandant d'entrer en plus étroite collaboration. La réponse de M. Maurice est pleine de cordialité. Mais les circonstances ne permettent pas de développer l'œuvre entreprise. Et, finalement, après de longs détails qui

[1] E. Veuillot. *Louis Veuillot*, I, 208.

sont sans intérêt pour nous, le maître de pension conclut par ces paroles un peu vagues :

« Aucun projet nouveau n'est fixé en moi. Les anciens ne sont pas modifiés, mais ils se consolident.., Je n'ose rien dire encore. La Providence, pour nous faire sentir notre une nullité, permet quelquefois des changements subits : la tristesse en joie, la joie en douleur, l'abattement en espérance, l'espérance en déception ».

C'est d'espérance, plus que de déception, qu'Albéric de Blanche avait besoin. Ne pouvant résoudre avec M. Maurice le problème du vivre et du couvert à Paris, il resta dans le Midi. Durant les derniers mois de 1839, et les premiers de 1840, nous le trouvons à Bayonne chez les La Perrière et à Bordeaux chez les Calvimont, ses parents.

Manec, qu'il tient au courant de ses projets, de ses espérances et de ses incertitudes, lui écrit, le 12 novembre 1839, un petit chapitre de conseils avisés :

« Je voudrais, mon bien cher ami, vous voir *positiver* votre âme et donner un but un et matériel — pardonnez-moi le mot — à vos travaux. Oui, il le faut. Il faut se posséder, quoique jeune encore, se résumer, se recueillir, et se pousser dans une voie. L'incertitude, soyez-en sûr, finirait par paralyser vos facultés ; ou

bien, se dispersant sur une trop grande étendue, celles-ci perdraient leur puissance et
s'évaporeraient en rêveries...

« Il vous faut faire votre position ; sondez
votre cœur. Voyez quelle est la voie qui ré-
pondrait le mieux à vos goûts et à votre fortune, et travaillez avec énergie.

« Mon Dieu, il est possible que ce que je
vous dis là vous l'ayez déjà pensé vous-même...
Je sais bien, je sais trop, que l'homme ne fait
pas sa vie ; que les circonstances le dominent
souvent ; et que tel qu'on accuse d'inutile se
dévore lui-même, comme ces vaisseaux qu'une
ancre invisible attache au rivage... »

Pour parler le langage imagé de Manec,
Albéric de Blanche ignorait vers quelles mers
cingler. La péninsule espagnole l'attirait fort.
En janvier 1840, il fit un voyage d'un mois
dans les provinces basques. Puis, après un
court séjour à Bayonne chez les La Perrière, il
reprit le chemin de Bordeaux où il fut de nouveau, rue du Hâ, l'hôte des Calvimont.

Il y était encore en mars, lorsque Mgr Dupuch, évêque d'Alger, revint visiter son ancienne paroisse de Saint-Martial. Ce fut dans
toute la ville une commotion, sous l'ardente
parole du prélat missionnaire. L'Algérie n'était
française que depuis quelques années. C'était
une conquête qu'il fallait défendre à coups de

fusil. Il était plus difficile encore de faire pénétrer dans ce monde musulman la religion chrétienne. Le voyage de Mgr Dupuch en France fut une croisade de charité apostolique.

En 1839, Albéric de Blanche s'était intimement lié, nous l'avons dit, avec Victor Gay. Il ne put résister au besoin d'écrire à son ami, en sortant de Saint-Martial, les impressions que lui laissait la visite de Mgr Dupuch.

« Au milieu de jardins que l'avarice n'a pas encore plantés, de maisons à vendre et de boutiques à louer, s'élève l'église Saint-Martial, quelque peu villageoise ». Elle est parée comme aux jours de fête. Les « bons paroissiens » s'y entassent, « endimanchés, enorgueillis, pressant leurs chaises pour mieux entendre et voir leur ancien curé devenu évêque et grand évêque dans le pays des Turcs ». D'une voix touchante, le prélat raconte les merveilles qui commencent à germer sur cette terre d'Afrique, qui fut la terre de saint Cyprien et de saint Augustin. A travers toute la France, le conquérant évangélique avait porté le récit de ses peines et de ses efforts. Mais, à Saint-Martial, il se retrouvait au milieu de ses plus chers enfants et « il mêlait à sa parole les plus tendres larmes de son cœur ».

« Que ne puis-je, cher ami, conclut Albéric, vous faire goûter la sainte suavité de ces larmes versées en commun par des amis qui se rencontrent dans un carrefour des chemins du ciel, qui s'embrassent et vont se quitter !... O sainte charité du Christ !... O sainte unité de la foi, qui enfante l'universalité de l'amour ! O larmes fécondes du bon pasteur remettant en d'autres mains ses plus chères brebis et leur donnant rendez-vous dans l'éternel bercail ! Hier, dans cette ravissante fête, nous vous avons bénies, savourées et aimées !

« Combien, cher Victor, j'aurais voulu me trouver à votre côté, dans cette vieille et dévote église de Saint-Martial ».

Depuis 1837, le P. de Ravignan était le supérieur de la maison des jésuites de Bordeaux. Bientôt il allait paraître dans la chaire de Notre-Dame de Paris, illustrée par Lacordaire. Il avait déjà le visage et la parole d'un homme de Dieu. On devine l'impression profonde que dut faire dans l'âme d'Albéric de Blanche un sermon du P. de Ravignan. Après l'avoir entendu, il écrit à sa mère.

« Oh ! quelle joie, hier ! Quelle douce influence d'une heure sur bien des jours, bien des années et peut-être sur l'éternité... La tête la plus sainte que j'ai vue jusqu'ici, le cœur le plus ardent que j'ai senti de près, la main la plus puissante par ses caresses... Je ne m'imaginais pas toute la beauté du P. de Ravignan et je ne savais pas bien ce que c'était un jésuite.

« Si je restais quelques jours de plus à Bordeaux, le voir serait pour moi une douce et fortifiante consolation. Il nous a beaucoup parlé de Paris, c'est-à-dire des fervents chrétiens que le bon Dieu y rassemble en secret, comme en des catacombes, sous l'orgueil et la cupidité et la tyrannie de cette nouvelle Rome ».

Et dans une autre lettre du même jour, après une confession faite au P. de Ravignan :

« Oh ! que de choses on confie à un saint et comme il vous rend en joie, en paix, en félicité, les vains trésors de vos illusions. Ma très chère mère, il m'a pris dans son cœur ; plus profondément encore, il m'a reçu dans les entrailles de Jésus-Christ, selon sa puissante expression. Il m'a demandé ma vie, je la lui ai donnée, je lui ai tout montré dans mon âme, il y a pénétré plus qu'aucn œil humain. Il m'a donné ses conseils que j'ai promis de suivre... Il m'a donné une lettre pour un jésuite de Paris. Il m'a recommandé l'amitié de Louis Veuillot ; il le connaît et l'aime beaucoup. Enfin, ma mère, je suis sorti de ses bras, laissant mon cœur dans le sien...

« Qu'est-ce donc, ô mon Dieu, que l'amitié

d'un si fervent ami de Jésus-Christ? N'est-ce point Jésus-Christ lui-même parlant, confessant, éclairant et reposant l'âme?

« Voilà, ma très chère mère, la paix que j'emporte dans mon voyage. Car aujourd'hui je sens que mon émotion d'hier est devenue la paix même, la paix intime de mon cœur. Sans doute (et lui-même me l'a prédit) je serai bien horriblement troublé encore dans ma vie ; mais que serait-ce donc, si je n'avais été ainsi abreuvé, inondé de paix immanente et divine ! Oh ! comme je voudrais faire passer dans le cœur du P. de Ravignan tous les cœurs que j'aime ! Comme je voudrais nous voir tous ainsi, dans la charité du Cœur de Jésus ! »

Au moment où il écrivait ces lignes, Albéric avait 22 ans. Sans être rempli du « vin fumeux » dont parle Bossuet, son cœur était troublé par une double inquiétude. Il ne savait comment gagner sa vie, selon sa condition ; il se demandait, sans avoir de réponse à sa question, s'il pourrait unir sa destinée à une jeune fille, qui, depuis quelque temps, était devenue la dame de ses pensées. Le P. de Ravignan, pour fixer ces incertitudes douloureuses, avait conseillé une retraite.

Une fois à Paris, Albéric frappa à la porte des Jésuites. « Je vais chercher la lumière, mandait-il à Mme de Blanche, et la force de la volonté... Tout se fait en nous par la *grâce divine* et par *don* ; prier est véritablement faire le plus grand travail en ce monde. Je vous dirai ce que j'aurai vu dans cette retraite, mon excellente mère, cela vous fera à vous-même du bien, mais priez de votre côté. Que mes sœurs prient aussi et tous ceux qui m'aiment tendrement. »

Le P. de Ravignan avait recommandé au P. Humphry le jeune retraitant. Huit jours se passèrent dans le recueillement et l'oraison. Au sortir de cette solitude, Albéric était fixé dans la paix. Dans une longue lettre de treize pages, il chante à sa mère un cantique joyeusement tranquille. Pour son mariage, il s'en remet à Mme de Blanche. A elle de prier et de conclure. Quant à lui, il attendra, les yeux fixés sur sa fin dernière et sur sa vocation présente qui semble bien être de servir Dieu et l'Eglise par la plume ; dans une vie qui soit du monde sans être au monde, comme la savent mener « ceux qui aiment tendrement les choses de la divine et immortelle espérance ».

Ce n'est pas que son cœur soit sans ressentir quelque peine, à la pensée que l'inclination naissante pourra être contrariée pour toujours.

« Le chemin de mon adolescence, écrit-il,

aura expiré au pied d'une croix. Mais cette croix me semblera toute glorieuse. Je passerai devant elle en glorifiant le Seigneur... Je demanderai à Dieu un autre chemin. Le Dante aima bien tendrement une enfant de son âge qu'il avait vue dans une fête de famille, elle mourut, il lui resta fidèle... il continua de l'aimer sur la terre jusqu'à ce qu'elle l'attira doucement vers le Ciel ».

Par avance Albéric est résigné à la destruction d'un rêve peut-être longtemps caressé. Il s'en remet à sa mère de son établissement. Ses plans personnels ne concernent que ses travaux d'écrivain. Lacordaire est à Rome, pour préparer le prochain rétablissement en France des Frères Prêcheurs. Les nouvelles venues de Sainte-Sabine touchent Albéric. Il évoque le souvenir des tiers-ordres anciens et de la paix que trouvaient dans leurs observances les familles chrétiennes. Mais ni le couvent ni le séminaire ne l'attirent. Si, dans son cœur il y a eu comme un assaut de vents violents qui le bouleversaient, la paix est venue par l'obéissance. La volonté divine est claire.

« Le bon Dieu, écrit-il à Mme de Blanche, (16 juillet 1840), m'a bien peu éprouvé, pour me faire entrer dans cette suprême liberté. Mes souvenirs se trouvent roulés ensemble, comme des vêtements, pour une saison nouvelle. Je les enveloppe dans une prière et les dépose sous la garde des Anges, qui me les rendront bien si je dois m'en parer dans l'éternelle fête du ciel. Maintenant que les habits de travail sont sur mes épaules, que mes pieds sont chaussés des souliers avec lesquels on marche à travers le monde, dans le chemin de la volonté de Dieu, ne perdons pas notre temps, allons-nous en joyeusement ».

C'est donc décidé : à son cimier de gentilhomme Albéric de Blanche ajoutera comme Vigny « une plume de fer ». Mais, au milieu des projets d'écriture qui enchantent ses rêves d'avenir, si idéaliste qu'il soit, il n'oublie pas l'axiome des anciens : *prius est vivere*. Sa mère avait des dettes. Il avait l'ambition d'aider à les éteindre, loin de continuer à vivre des mensualités allouées par sa famille. Les articles qu'il comptait imprimer ne promettaient pas de fort salaires. D'où donc tirer quelque sûr moyen de subsistance ?

Albéric finit par régler avec M. Maurice la question de professorat pendante depuis l'été de 1839. M. Maurice était un maître de pension, studieux, religieux, instruit et d'âme noble. Après l'avoir vu, Albéric mandait à sa mère (16 juillet 1840) :

« Il m'est offert *une complète hospitalité* pour

le prix de leçons d'histoire que je donnerai à des enfants. Nous demeurerions ensemble. Je serais chargé de l'enseignement total de l'histoire dans la maison. J'y serais occupé seulement une ou deux heures chaque jour ; le reste de mon temps m'appartiendrait. J'apprendrais, de cette manière, dans une seule année toute l'histoire, j'étudierais les langues que j'ignore et qui me sont nécessaires, par exemple l'*arabe*... J'achèverais mes études d'histoire naturelle à peine commencées. J'aurais le bonheur de vivre sous une règle et d'être utile. Enfin je ne quitterais point Paris, ni le centre scientifique de Paris. J'aurais de plus la conversation de M. Maurice, son excellent jugement et les secours de sa science linguistique ».

Dans cette combinaison les avantages financiers étaient évidents ; et en les comptant Albéric envisageait le jour où il pourrait secourir sa mère. Toutefois le souci de gagner le pain de chaque jour laissait à son âme toute sa noblesse native. Le général de Saint-Michel, dans le désir de l'obliger, le poussait beaucoup à certaines fréquentations. Le jeune homme écrivait là-dessus à sa mère, ces lignes simples et fortes :

« Il voulait me présenter dans des bureaux de journaux où il m'eut été impossible d'écrire

un mot selon mes convictions. Il a été difficile
de lui faire clairement entendre qu'en aucune
manière je ne pouvais accepter. Je lui ai fait
part de tous mes plans. Il ne sait qu'objecter,
sinon qu'il voudrait bien me voir viser plus
haut, vers la fortune, et qu'il est toujours prêt
à me servir ».

Albéric ne sera jamais de ceux pour qui l'argent n'a pas d'odeur. S'il voulait manger son
pain à la sueur de son front, il n'entendait pas
suer à n'importe quelle besogne.

Manec, qui n'avait pas comme les Blanche
un sentiment d'opposition légitimiste à la
dynastie d'Orléans, envisageait délibérément
l'entrée d'Albéric dans **un** emploi public.

« Je croirais franchement manquer à l'amitié que je vous ai vouée, écrivait-il, si je ne
traitais pas d'absurdes fantaisies les scrupules
qu'on pourrait faire naître en vous au sujet
d'une carrière administrative. Votre esprit est
assez haut placé pour que vous puissiez juger
avec vérité de ce qui se passe autour de vous,
indépendamment des coteries de parti. Tout
homme qui se refuse à la vie active pour une
question de personne se suicide... Comme si
le juste, le vrai, le bon, le beau tenaient à une
forme, à un individu !

« Hâtez-vous, mon cher Albéric, de vous
faire une position matérielle. Il le faut. Et si le

gouvernement vous la donnait, vous devriez l'accepter. Il y a du bon dans tout ce que la Providence tolère ».

L'axiome énoncé par Manec peut conduire loin. Mais Albéric avait un esprit réfléchi. Et puis, il pouvait consulter le P. de Ravignan et le P. Humphry. Quoiqu'il en soit des poussées qu'il a pu subir alors, il est certain, par sa correspondance avec Auguste Nicolas, qu'il négocia pour entrer et qu'il finit par entrer en effet, comme surnuméraire, à l'administration des cultes. Toutefois, moins heureux que Louis Veuillot, à qui ses fonctions d'attaché au cabinet du ministre de l'intérieur assuraient quelque pitance[1], il n'eut pas d'abord de traitement. Mais cette pénurie lui laissait toute sa confiance en Dieu, ses projets d'écrivain, et les pures jouissances de l'amitié et de la foi.

Lié depuis 1839 avec Victor Gay, il rencontra à Paris, durant l'été de 1840, Charles Gay, obligé par raison de santé, de quitter Rome où il avait commencé ses études cléricales. Albéric écrivait à Mme de Blanche :

« J'ai trouvé une bien tendre amitié dans les deux MM. Gay. Je suis allé passer la journée chez eux, à la campagne. Lavergne, le peintre,

[1] *Louis Veuillot,* I, 169.

était avec nous. Charles Gay, dans sa belle robe noire, avec sa tête gracieuse et aimante, ressemble à ces beaux enfants de la Compagnie de Jésus, saint Stanislas Kostka et saint Louis de Gonzague. Oh ! que de choses il a suivies et aimées à Rome ! Et comme il en parle !.... Il nous chantait, en s'accompagnant au piano, tous les plus beaux chants de l'Eglise ; c'était à faire pleurer. Chanter avec amour c'est chanter...

« Toute la famille Gay nous a reçus avec amitié. J'irai les voir. Cette société m'est bien précieuse ».

*
* *

Au printemps de 1839, Lacordaire avait adressé au pays son fameux *Mémoire sur le rétablissement des Frères Prêcheurs*. En décembre 1840, il traversait la France, de Marseille à Paris, vêtu de l'habit de son Ordre. Dans la capitale, pendant deux mois, les plus ardents catholiques suivirent à la trace ce moine hardi et heureux. Le 5 janvier 1841, Albéric de Blanche écrivait à son oncle, le marquis de Raffin :

« J'ai vu le R. P. Lacordaire dans sa robe blanche, sous son manteau noir. Plusieurs de mes amis me l'ont fait entendre. Il raconte

admirablement la formation spirituelle de l'E-
glise et des branches de l'Eglise : corporations,
tiers-ordres, ordres monastiques, et autres institutions qui sauvent, dans le monde, la liberté de l'*Esprit*, menacée par la force brutale...

« Le talent du P. Lacordaire s'est régulari-
sé ; le calme du cloître, la méditation de saint
Thomas, la prière en commun, ont tempéré
l'ardeur de son âme. La volonté s'est identifiée,
il faut l'espérer, aux séculaires résolutions que
Dieu soutient dans l'âme des moines. Il est
entré plus avant dans les travaux qui ont
pour but l'éternité. Son livre — ici Albéric a
certainement en vue la *Vie de saint Dominique*
parue récemment — est écrit, dit-on, d'une
main tranquille et pacifique ; on le dit admirable ».

C'était l'avis de Chateaubriand. Dans cette
vie d'un saint médiéval écrite par un homme
très moderne, il trouvait « un talent immense,
un talent unique ».

Durant sa halte à Paris, avant de repartir
pour Rome, Lacordaire ne pouvait pas ne pas
revoir cette confrérie d'artistes, dite de Saint-
Jean, dont il avait été le fondateur, et dont
Piel avait été le premier prieur. Du moment
que Lacordaire est là, il y a foule. Albéric de
Blanche est tout yeux et tout oreilles. Un des
personnages donne lecture d'une lettre écrite

de Rome et où l'abbé de la Bouillerie raconte
ses impressions en face de deux stigmatisées du
Tyrol, *Beata* et *Domenica* [1]. Albéric narre à
son oncle Raffin toute cette histoire. Et voici la
philosophie qu'il en tire :

« Nous savons quels miracles intérieurs
s'opèrent chaque jour dans les âmes, par l'effu-
sion de la grâce, par des retours inespérés...
Et ces miracles sont mille fois plus précieux
que la guérison des maladies et la résurrection
des morts ».

Un autre jour, c'est à l'*Institut catholique*
— autre réunion de jeunesse — que Lacordaire fait visite. Il y prend la parole, pour y
expliquer la séparation des deux ordres spi-
rituel et civil. Albéric résume l'entretien, dans
une lettre à son oncle Raffin.

Aux premiers jours de février, l'infatiga-
ble Frère Prêcheur fait un sermon à N.-D. des
Victoires.

« Ce sermon, écrit Albéric au marquis de
Raffin, a produit sur la plupart des auditeurs
une émotion singulière, plus forte encore le

[1] Dans sa *Vie de Mgr de la Bouillerie*, Mgr Ricard
n'a pas raconté le voyage de Kaltern. Il est probable
que ce fut en septembre 1840, en compagnie d'Edmond
de Cazalès, que François de la Bouillerie alla visiter les
stigmatisées du Tyrol. Cazalès a fait de sa visite un récit que l'on trouve, avec d'autres dans le livre de Léon
Boré : *Les Stigmatisées du Tyrol*. (Paris, Perisse, 1842).

lendemain qu'au moment même... Un million d'âmes réunies en quatre années autour du Cœur immaculé de Marie ; un prêtre de Paris enrôlant le monde entier dans une confrérie nouvelle ; les circonstances où cette dévotion apparut, les ruines politiques, les menaces de l'avenir ; la force de la prière, le ciel s'ouvrant aux invocations de l'âme : tel fut le tableau ».

A quelques jours de.là, Lacordaire portait son habit blanc dans la chaire de Notre-Dame (14 février 1841). L'archevêque, Mgr Affre, présidait ; le garde des sceaux était présent ; une foule énorme remplissait la vieille basilique. Pour couvrir par la popularité de son thème le scandale de sa robe provocatrice, l'orateur parla de la *Vocation de la nation française*. L'auditoire fut conquis et aussi le garde des sceaux ; le surlendemain M. Martin [du Nord] invitait le dominicain à dîner à la chancellerie, au milieu des quarante convives [1]. Des esprits difficiles trouvèrent le discours trop profane. L'*Univers* prit la défense de l'orateur, très vivement. Albéric de Blanche écrivit à son oncle (10 mars 1841) :

« Vous avez entendu le discours du P. Lacordaire ; l'*Univers* l'a répété assez fidèlement. Je

---

[1] Chocarne, O. P. *Le R. P. Lacordaire*, p. 316.

me trompe. Vous ne l'avez pas entendu ; vous n'avez fait que le lire. Vous ne pouvez vous faire une idée de l'impression que son geste et sa voix produisent sur un auditoire passionné. Les paroles dépouillées de l'action prêtent beaucoup plus à la critique ; et la critique n'a pas épargné le discours même ; la lettre morte a paru suspecte. Tout au plus, quelques expressions inexactes, quelques emportements de patriotisme méritaient-ils une légère correction ».

Tandis que Lacordaire, accompagné de cinq nouveaux frères, reprenait le chemin de Rome, pour aller s'enfermer quelques mois à Saint-Clément, les exercices du Carême ramenaient le P. de Ravignan dans la chaire de Notre-Dame. En songeant aux émotions du discours du 4 février, aux travaux apostoliques des prédicateurs du Carême, le cœur d'Albéric de Blanche se remplit de fierté. Lui qui va dans les églises, il voit, il sent que le catholicisme n'est pas mort. Il salue « l'âge de foi, qui se lève » et il souhaite que la philosophie s'éloigne de notre pays, dans un « éternel pèlerinage ».

« La philosophie, mande-t-il à son oncle Raffin, est insupportable à tous ceux qui goûtent les véritables fruits de la vérité. La poésie renaîtrait dans le cœur, si la raison consentait à faire silence. Mieux vaut au reste que la raison argumente et tourmente la société plutôt que de la laisser s'endormir. Dans une mortelle tiédeur s'engendrent les plus basses inspirations. Dieu merci, nous avons une philosophie pour nous empêcher de tomber dans un matérialisme pratique. Dieu merci, nous pouvons n'en avoir plus, en arrivant au catholicisme pratique, à la vérité réelle, dans la vie aussi bien que dans l'intelligence ».

Je ne sais ce qu'auraient pensé de ce néotrationalisme les juges de la doctrine. Albéric de Blanche a vingt-trois ans ; et il ne sait que fort en gros l'histoire de Lamennais et de la philosophie catholique. C'est son excuse. Il est mieux inspiré, quand il écrit :

« Les études historiques deviennent des réhabilitations de toutes les gloires catholiques... Un jeune professeur, M. Ozanam, attire un grand concours au pied de sa chaire[1]. Un autre, M. Lenormand, occupant la chaire de M. Guizot, proclame généreusement que ses sympathies l'entraînent vers notre foi. Il brave les sifflets et ses protestations en faveur de la vérité sont couvertes d'applaudissements. Vous voyez que les choses s'avancent vers le terme que nous souhaitons ».

---

[1] Mgr Ozanam. *Vie de Frédéric Ozanam*, p. 346, 416.

Le terme était loin encore. Albéric mourra sans le voir atteint. Mais, dans son pronostic, il n'était pas victime des fausses lueurs d'un feu follet. Sous ce règne de Louis-Philippe, où la bourgeoisie sans croyance détient le pouvoir parlementaire, les catholiques se multiplient, bientôt ils s'organiseront pour la conquête de la liberté d'enseignement. En attendant cette campagne retentissante, ils acquièrent petit à petit la force du nombre.

La première année que le P. de Ravignan inaugura une retraite pascale pour les hommes, il prêcha dans l'église de l'Abbaye aux Bois. La seconde année, l'auditoire émigra à Saint-Eustache. En 1842, il restera à Notre-Dame. Ce mince détail symbolise à merveille le spectacle qu'Albéric de Blanche contemplait avec ravissement, depuis son retour à Paris : la marche conquérante de la religion mieux connue. A la fin du carême de 1841, il écrivait au marquis de Raffin :

« Les moissonneurs se réjouissent, en comptant les richesses nouvelles acquises au trésor du père de famille. Le P. de Ravignan surtout a recueilli de grands fruits. Ma bonne et chère paroisse de Saint-Sulpice a été remplie d'édification... J'ai ouï dire que dans le grand monde une vive secousse avait été sentie. La foi revient frapper les cœurs. Le bon Dieu, ému par les prières de quelques misérables pécheurs, veut bien multiplier ses grâces. Mais ceux qui résistent, ceux qui fuient, ceux qui apostasient, qui les sauvera ? »

Puis, après ce regard, dans le lointain, sur la foule qui ignore tout des églises et de l'Eglise, il revient aux croyants, à la communauté chrétienne réunie dans une même foi, au pied d'un même autel, et autour d'une même table sainte. Et, laissant aller son cœur, il écrit en terminant sa lettre :

« Je sens souvent, mon cher oncle, combien l'intimité chrétienne est chose bonne pour le salut. La société force à quitter ses pensées... On est amené à comprendre que la vie est une lutte contre le mal... La familiarité avec Notre-Seigneur Jésus-Christ, la communion très fréquente ; voilà les fêtes, voilà la force, voilà la vie joyeuse, au milieu de la vie méritante. Adieu, mon cher oncle, je vous embrasse dans la sainte et douce présence de Dieu ».

CHAPITRE IV

—

EN SERVICE DANS LA PRESSE CATHOLIQUE
(1840-1851)

*Albéric à l'Institut catholique et à la confrérie Saint-Paul, l'U-
niversité catholique, l'Univers religieux, les Propos divers de
Louis Veuillot.*

*Visite à Montalembert, premier essai d'Albéric pour l'Université
catholique, fondation du Correspondant, sentiment de Veuillot
et d'Albéric sur la nouvelle feuille, la Revue littéraire et critique.*

*Albéric rédacteur à l'Univers, tendances diverses des catho-
liques, jugement de Louis Veuillot sur la collaboration d'Albéric.*

Vie de saint Stanislas Kostka, Eusebia, une lettre de Falloux.

Encouragé par le P. de Ravignan à tenir une
plume, entraîné, par son ami Victor Gay, dans
ce milieu de catholiques militants tous décidés
à mettre leur talent au service de leur foi,
Albéric de Blanche devait nécessairement devenir écrivain. La question de la vie à gagner
faisait obstacle. Mais, nous l'avons vu, le professorat et une place de fonctionnaire aidant
à résoudre le problème du pain quotidien, res-
tait uniquement à savoir à quoi Albéric em-
ploierait ses forces. Les circonstances et les relations décideront.

Dans les lettres de 1840 à Mme de Blanche, nous trouvons ces confidences sur l'Institut catholique et la confrérie de Saint-Paul.

« Je serai présenté à l'Institut catholique. J'entrerai dans l'association intime, c'est-à-dire dans une sorte de confrérie, sans lien apparent, où des jeunes chrétiens s'unissent pour employer leur intelligence et leur cœur à faire l'aumône intellectuelle. Le projet est de fortifier de plus en plus l'association, de grouper les membres que leurs occupations tiennent loin de Paris ; en sorte qu'ils restent en relation avec Paris, y envoient leurs œuvres, qu'on jugerait et qu'on aiderait à publier si elles sont belles et utiles.

« Vous sentez combien tout cela serait précieux. Je vous ai déjà dit, je crois, l'opinion du P. de Ravignan sur cette bonne institution.

« A Paris elle procure une société aux jeunes gens faibles et isolés ».

Dans une lettre à son oncle Raffin, Albéric appelle l'Institut catholique « une sorte de gymnase intellectuel où les jeunes gens s'exercent à parler et à écrire, sous la bannière sacrée de l'orthodoxie ».

Le 4 avril 1840, il lui annonce la naissance d'une « confrérie de gens de lettres analogue à la confrérie des artistes ». Elle a saint Paul pour patron ; et « les chers confrères ont adopté le règlement de la confrérie de Saint-Jean, sauf de petites modifications ». On parle également d'une « confrérie pareille pour les médecins ». Parmi les confrères de Saint-Paul de la première heure, Victor Gay nomme Louis Veuillot, Edmond de Cazalès, Ollivier, Charles Jourdain, et Goerres, de Munich. Ce groupement fonda un périodique, *La Revue littéraire et critique*, dont nous aurons à reparler.

L'Université catholique était une revue plus ancienne. Salinis et Gerbet avaient trop subi la poussée des ambitions conquérantes de Lamennais, pour les oublier jamais. La disparition de l'*Avenir* et l'apostasie de son fondateur les avaient laissés persuadés tous deux que la défense de l'Eglise demandait impérieusement un organe de presse. Les *Annales de philosophie chrétienne*, lancées par Bonnetty en mai 1830, touchaient à un point important, mais unique. La *Revue Européenne*, dans laquelle en 1831, s'était transformé le journal *Le Correspondant*, créé, en 1829, par Edmond de Cazalès, n'avait guère d'abonnés. Salinis, Gerbet et l'abbé de Scorbiac fondirent la *Revue Européenne* dans l'*Université catholique* en 1835.

Ce nom seul dit ce que les fondateurs de la Revue avaient en tête. La Belgique catholique venait d'applaudir à la naissance de l'Université de Louvain. Depuis que Lamennais avait appelé les écoles officielles, en France, « le vestibule de l'enfer », l'enseignement public, loin de s'améliorer, avait été pris, notamment à la Sorbonne, d'une sorte de frénésie d'impiété. A défaut d'une Sorbonne catholique où les seuls catholiques seraient professeurs, Salinis et Gerbet pensèrent qu'une revue, qui publierait des manières de *Cours*, pourrait offrir quelques éléments au moins d'un enseignement supérieur. Faculté des sciences religieuses et philosophiques, Faculté des sciences sociales, Faculté des lettres et des arts, Faculté des sciences physiologiques, physiques et mathématiques, Faculté des sciences historiques : tels sont les cinq sections principales auxquelles se ramenaient toutes les leçons. Genoude, Gerbet, Salinis, Bonnetty, le comte de Coux, le vicomte Alban de Villeneuve-Bargemon, Edmond de Cazalès, Alix, Margerin, Edouard Dumont, Montalembert, et un peu plus tard d'autres encore, furent les ouvriers de ce grand œuvre. Et leurs essais ne furent pas accueillis avec reconnaissance par les seuls catholiques de France et du dehors ; un protestant illustre y applaudit, dans un article de la *Revue française*, qui fit le tour de la presse. On s'y attend bien, Guizot faisait ses réserves, comme aussi il outrait l'éloge dans le sens de ses préoccupations personnelles. Mais il félicitait l'*Université catholique* de vouloir réconcilier la société moderne avec la religion, en faisant pénétrer « tantôt la religion dans la science, tantôt la science dans la religion, les tenant sans cesse en vue l'une de l'autre, afin qu'elles se connaissent, se rapprochent et s'unissent dans un progrès commun ». Il osait même écrire :

« Le Cours d'*Introduction à l'étude des vérités chrétiennes* par M. l'abbé Gerbet, le Cours d'*Économie sociale* par M. de Coux, le Cours sur l'*Art chrétien* par M. Rio, le Cours sur l'*Histoire générale de la littérature hébraïque* par M. de Cazalès, contiennent une instruction réelle, des vues élevées, ingénieuses, et quelquefois un talent de style et un attrait de lecture peu commun ».

L'*Université catholique*, en outre des Cours, publiait des articles analogues à ceux qui paraissaient auparavant dans la *Revue européenne* : études de quelque point d'histoire ou de littérature, études sur les ouvrages nouveaux. A cette partie de la revue, Guizot faisait aussi ses compliments :

« Dans une *revue* littéraire, jointe aux *Cours*, on rencontre souvent des articles, entre autres ceux de M. le comte de Montalembert, pleins de recherches curieuses, de nobles sentiments, et écrits avec une verve morale qui plaît et touche, même quand elle s'emporte au delà du vrai ».

En novembre 1829, Gerbet écrivait dans le *Mémorial catholique* : « Le temps viendra où il sera enfin possible d'avoir un grand journal catholique, embrassant à la fois tous les intérêts sociaux et toutes les branches des connaissances humaines ». Un instant le *Correspondant*, puis l'*Avenir*, essayèrent d'être ce journal. Quand l'un et l'autre disparurent, l'idée qu'ils incarnaient reprit corps dans l'*Univers religieux*, le dimanche 3 novembre 1833. L'abbé Migne en signa l'article programe, en qualité de « fondateur-directeur ». Dans les listes des « hommes marquants de la capitale », dont le fondateur s'était assuré le concours, on eût cherché vainement celui de l'abbé Gerbet. C'est lui pourtant qui était l'âme pensante du nouvel organe catholique. L'article-programme était de lui. Il en fit bien d'autres, sous la signature S. S. S.

En 1836, M. Bailly de Surcy remplaça Migne comme directeur. Les collaborateurs étaient nombreux, distingués ; quelques-uns étaient prêtres. Mais la clientèle était maigre et les finances courtes. Par un emprunt de 20.000 francs, Montalembert sauva le journal de la ruine. Il se multiplia pour lui recruter des ressources, des abonnés, des rédacteurs. Il lui assura, entre autres, Alexandre de Saint-Chéron, un Saint-Simonien converti.

Saint-Chéron attira Louis Veuillot. Celui-ci avait envoyé déjà quelque copie au journal ; une première fois (28 novembre 1838) pour défendre Bugeaud ; puis (16 juin 1839) pour raconter la bénédiction de l'église des Oiseaux ; et enfin (4 décembre 1839) pour dire ses impressions sur l'*Histoire de France*, d'Amédée Gabourd, un converti, lui aussi. C'est durant le mois de janvier 1840 que Saint-Chéron entra en pourparlers avec Louis Veuillot. Le pacte fut vite conclu. Le 20 janvier, Saint-Chéron triomphant annonçait à Montalembert qu'il avait gagné au journal « le jeune et énergique écrivain ». Le 12 février, Louis Veuillot signait de son prénom le premier de ses *Propos divers*. Il ne demandait pas un sou ; on ne lui offrait rien [1]. La pauvreté du journal exigeait cette gratuité des services. Cela dura longtemps. Seize ans plus tard, faisant l'histoire de ces jours héroïques, Veuillot pourra écrire ces lignes véridiques et fières [2] :

« Les hommes, jeunes alors, qui, n'ayant pas autre chose à donner, engageaient leur jeunesse et leur avenir dans cette voie où ils n'avaient rien à prétendre, ne se rappelleront jamais ces laborieuses années sans éprouver un profond sentiment de confiance. Pressés

[1] *Louis Veuillot*, I, 288-289.
[2] *Mélanges*, 1re série, I, 448.

d'une pauvreté redoutable, dans un isolement dont ils s'étonnaient, diffamés, quelquefois presque condamnés, ils persévéraient, soutenus au jour le jour par l'aumône, n'étant jamais sûrs de tenir encore un mois ; mais fiers de leur cause, heureux de leur dévoûment, ravis, au milieu de cette indigence et de cette faiblesse, d'expérimenter comment la vérité est forte, et de voir le pain quotidien leur arriver, aussi bien que l'épreuve, de la manière la plus imprévue. Point de patrons officiels, point de gens d'affaires, point de talents célèbres, aucune des ressources ordinaires...

« C'est ainsi qu'on fit l'*Univers*... »

Et tel est le milieu, dans lequel Albéric de Blanche va vivre de 1840 à 1850. Avec des tempéraments, des tendances et des idées qui diffèrent, Veuillot et Montalembert, Lacordaire et Ravignan, Bonnetty et de Coux, Gerbet et Cazalès, Dumont et Ozanam entendent tous faire honneur à leur foi, par leur plume comme par leur vie, servir leur pays et pénétrer de religion les temps nouveaux. Au cœur de ces hommes brûlant des plus nobles désirs, Albéric de Blanche allait entretenir la flamme de son cœur chrétien.

Une de ses premières visites fut pour Montalembert. Et il s'empressa de la raconter à sa mère (13 juin 1840).

« Il nous montra ses trésors de peinture chrétienne, ses belles lithographies allemandes, reproduisant tous les chefs-d'œuvre des bords du Rhin, avant la Réforme. Il y a là une naïveté, une grâce familière, un sentiment tendre, qui font désirer d'avoir tous ces saints allemands pour compagnons de la vie ordinaire, dans la maison.

« Les saints italiens sont plutôt les patrons de la société de l'âme avec Dieu, dans la prière, l'étude, la méditation, la solitude. Plus près du centre et du cœur de la chrétienté, ils s'élèvent directement à Dieu, comme les prières qui sortent de Rome, du cœur même de l'épouse. Ils ont plus de grandeur, plus de beauté. Ce sont des saints qui plongent leurs regards dans l'éternelle vérité. Il paraît que Dante a plutôt chanté cette vie. La vie allemande a été chantée par les légendes tranquilles et rêveuses du Rhin.

« Je serai bienheureux, ma chère mère, de vous initier à ces belles créations du temps de la foi publique et populaire. Je tâcherai de le faire un peu, en parlant de l'Espagne. Si le bon Dieu le voulait, je travaillerais avec une grande joie à traduire toutes les belles choses de ce sentiment, cachées et ensevelies dans la tombe des vieux chrétiens espagnols.

« Enfin, le bon Dieu voudra bien éclairer un peu ma voie ».

ALBÉRIC DE BLANCHE.

7.

Dans cette atmosphère de foi et de zèle, Albéric ne tarde pas à se mettre au travail. Il mande bientôt à sa mère (5 juillet 1840) qu'il a toute prête une *Introduction à l'histoire de l'éloquence et de la littérature espagnole*. Il la portera à *l'Université catholique*, si le P. de Ravignan et le P. Humphry le lui conseillent. Il abandonne d'ailleurs à leurs avis et à ceux de sa mère la direction de sa vie. Il veut uniquement la volonté de Dieu. L'obéissance c'est la vraie liberté. Ces idées sont enracinées au plus profond de son âme, au point que si les directeurs de sa conscience et Mme Alphonse de Blanche lui disent d'accepter les offres de l'archevêque de Bordeaux, qui lui propose une place de professeur au collège de la Sauve, il partira incontinent. Il partirait aussi bien pour le Japon et la Chine. Malgré tout, le désir d'écrire demeure très vif, l'unique désir même.

Le 16 juillet 1840, il mande à Beurre :

« J'ai montré mon premier travail à M. Dumont, le professeur d'histoire du collège Saint-Louis et de *l'Université catholique*, chargé de la critique littéraire dans ce même journal, et président de l'*Institut catholique* ; homme d'un jugement sain, d'une orthodoxie sévère, d'une imagination vive et simple. Il m'a dit aussitôt (après des observations et des corrections pleines de bienveillance et de goût) qu'il me fallait demander un cours de littérature espagnole dans l'*Université catholique*. Aussitôt dit, aussitôt commencé. Il a parlé pour moi ; j'ai vu le directeur. Il ne s'agit plus que d'obtenir le consentement de M. de Salinis, directeur suprême. Le cours me serait payé 50 francs à peu près la leçon. Je ne sais quand on voudrait commencer à imprimer. Ce travail serait pour moi le prélude d'une étude longue et approfondie qui chercherait à mettre en lumière l'œuvre de la rédemption dans la langue, l'histoire et la littérature de l'Espagne...

« Je dois aussi, par M. Veuillot (que je ne connais pas encore) tâcher d'écrire des feuilletons payés dans l'*Univers*. Victor Gay se flatte que cela sera facilement obtenu.

« D'un autre côté, une grande revue catholique, sur le plan de la *Revue des deux mondes*, va bientôt paraître : le nouveau *Correspondant*. Si je puis faire quelque bon travail, il me paraît facile de le faire accepter...

« Enfin, l'*Institut catholique* s'organise définitivement. Je suis vivement pressé par mon propre cœur et par mes amis d'y coopérer. J'y trouverai sans doute des collaborateurs pour tout ce que je pourrais entreprendre plus tard. Je vous parlerai une autre fois des heureuses connaissances qu'il m'a procurées. »

Ces rêves mettront un peu de temps à descendre des nuages dorés où l'œil confiant du jeune écrivain les contemple. Mais ils se réaliseront. Un jour viendra où, en effet, Albéric de Blanche écrira dans l'*Univers* d'abord, puis dans l'*Université catholique*, puis dans le *Correspondant*. Nous retrouverons, le moment venu, toute cette activité littéraire.

La naissance du *Correspondant* fut laborieuse. Personne ne s'y intéressa plus que Louis Veuillot. Il avait des nouvelles par ses conversations avec Wilson et par les lettres de Foisset [1] ; présent aux réunions où l'on débattit la création de la Revue, il n'ignorait rien des difficultés qui venaient du manque d'argent et du manque d'accord. Montalembert partit pour Madère, avant que rien fût décidé. A la mi-novembre de 1842, les huit mois de pourparlers menaçaient de finir par rien. Dans une lettre à Foisset, Louis Veuillot hurle son irritation.

« Croisons-nous les bras... vaquons à nos petites affaires, à nos petits voyages, à nos petits volumes connus de trois ou quatre cents lecteurs pieux et de quelques milliers de petites filles ; nous avons fait assez pour les combats du bon Dieu... Il s'agit maintenant d'aller dans les

[1] *Cor. de Louis Veuillot*, VII, 109, 110, 115, 121, 123.

taudis porter des bons de soupe. Une heure de temps et vingt sous d'aumône par semaine payeront à Dieu la dette de notre intelligence, de nos loisirs et de notre amour. Nous sommes de fières gens !...

... Il est temps de penser que toutes les opinions, toutes les sectes, toutes les friponneries ont leur recueil à Paris, et que la religion catholique, au milieu de tant de nécessités, n'y peut avoir le sien... »

Veuillot n'a pas besoin d'apprendre que l'*Université catholique* existe et les *Annales de philosophie chrétienne* et la *Revue catholique*, et la *Revue littéraire et critique*. Mais l'*Université* et les *Annales* sont enfermées dans le passé, la *Revue catholique* est une entreprise de libraire, et la *Revue littéraire* une feuille de « quelques jeunes garçons, également pressés de zèle chrétien et de manie écrivassière ». En réalité, les catholiques n'ont pas d'organe, pour faire peur aux méchants, pour affermir les bons, pour éclairer les ignorants, pour incorporer à tous les Français, qui en ont si grand besoin, la substantielle vérité de la religion chrétienne. Et cependant, s'écrie Veuillot, « un compositeur d'imprimerie Buloz, a pu, sans savoir l'orthographe, sans posséder un sou, sans connaître personne, fonder la *Revue des deux Mondes* et l'avancer où nous la voyons en se faisant porter par elle où il est ». Cette prospérité de l'adversaire, qui n'a rien à dire qui puisse élever les âmes, humilie le chrétien fier de sa foi et le Français qui sait un peu l'histoire de la fille aînée de l'Eglise. Et quand il songe que cette situation paradoxale tient à la prudence timide de quelques catholiques, sa colère éclate.

« Malheur aux riches, parce qu'ils craignent le combat ; malheur aux trafiquants, parce que dans le combat ils cherchent le gain ; malheur au lâche qui ne donne une part de son bien que pour avoir le droit de jeter au loin son épée. Il sera dit de ce temps qu'il n'a pu produire un homme assez intelligent et assez dévoué pour se mettre entièrement corps et bien au service de l'Eglise !... Hélas ! de quelle façon nous aimons Dieu !

« Pardonnez-moi, très cher ami, ce qu'il y a de dépit et peut-être de colère dans cette lettre [1].

Malgré tout, le *Correspondant* finit par paraître. Louis Veuillot y publia l'*Honnête femme*. Il y aima des articles de Foisset et quelques autres encore. Avant la fin de 1843, son parti était pris de ne plus collaborer à une Revue « trop sage ». Dès les premières négociations pour la création du *Correspondant*, il avait ap-

---

[1] *Corr. de Louis* Veuillot, VII, 128,

préhendé — et Foisset comme lui — « la mollesse, les louvoiements, les longs discours pour ne rien dire, les choses enveloppées et déguisées jusqu'à n'avoir plus de vertu [1] ».

Et il avait de ses pressentiments cette explication profonde : « Il leur manque du sang, de la haine contre une société où ils ont leur place et dont les velours et les dentelles les empêchent de voir les plaies et la corruption. Ils ignorent ce qui se passe dans la rue, et n'y ont jamais mis les pieds ; moi j'en viens, j'y suis né, et, pour tout dire, j'y demeure encore ».

Non sans raison, dans cette différence d'origine et des expériences qui s'en suivaient, Louis Veuillot voyait la cause des conceptions irréductiblement diverses que ses amis et lui se faisaient de la presse religieuse. Il n'est donc pas surprenant qu'Albéric de Blanche regardât d'un œil plus bienveillant le *Correspondant* que Veuillot jugeait trop modéré. Dès l'apparition du premier numéro, il écrit à son oncle, le marquis de Raffin :

« Etes-vous abonné au nouveau *Correspondant*, revue publiée par l'éditeur de Louis Veuillot ? Cette revue tend à faire contrepoids à l'influence panthéiste, indifférente, de la *Revue des deux Mondes*. Elle promet aux écri-

[1] *Corr. de Louis Veuillot*, VII, 111.

vains catholiques une occupation digne des efforts les plus assidus. Une publicité suffisante manquait jusqu'ici aux études sérieuses qu'ils auraient pu tenter. Si ce recueil prend faveur, on peut en espérer de très heureux résultats. Il est dirigé par un esprit véritablement chrétien et avec une franchise de vues qui ne peut appartenir qu'à des hommes obéissant à la règle de l'Eglise...

« Le nouveau *Correspondant* sera plus spécialement (non pas exclusivement) rédigé par les membres de la confrérie de Saint-Paul... et surtout, je crois, sous la direction de M. de Cazalès, qui, vous le savez, est allé à Rome, dans le dessein d'être ordonné prêtre ».

Rome attirait déjà quelques jeunes Français, candidats au sacerdoce. François de la Bouillerie, Charles Gay, Charles de Charaix, Conny, furent de ceux qui allèrent alors, comme Cazalès, « puiser l'esprit de l'Eglise dans la cité de saint Pierre et implorer au tombeau des apôtres un fécond apostolat[1] ».

Quant à la confrérie de Saint-Paul, elle avait, nous l'avons dit, assumé la charge d'une *Revue littéraire et critique*, dont la durée fut courte et sans éclat. On sait de quelle façon humoristique Louis Veuillot en écrivait à son frère Eugène :

[1] Dom Bernard de Boisrouvray. *Monseigneur Gay.* I, 76.

« Tu connais mon aversion pour la confrérie de Saint-Paul ; en conséquence j'y entre. Elle fonde une revue que j'ai critiquée ; j'en deviens le collaborateur. Je me plains des chiens de libraires qui paient trop peu leurs auteurs ; c'est pourquoi j'ai passé deux ou trois jours à fabriquer, pour ladite revue, un bel article de 22 pages, qu'elle insérera, moyennant le paiement *par moi* de vingt francs pour deux années de cotisation annuelle. Et je suis enchanté de cette affaire là[1] ».

L'article portait ce titre : *Du travail littéraire. Aux jeunes écrivains catholiques.* Avec raison, Louis Veuillot recommandait aux jeunes catholiques d'écrire, s'il se pouvait, mieux que personne. Nos idées en valent la peine et cette éclatante parure leur est nécessaire, pour fixer l'attention des esprits contemporains, si futiles, et si abusés par la magie du style de quelques écrivains irreligieux. Mais, plus encore qu'à l'éclat des mots, Louis Veuillot tenait à celui de l'accent et du courage. L'incrédulité maîtresse exaspérait ce converti de la veille : il la jugeait sans titre sur un pays qui a les origines et l'histoire du nôtre ; et il mesurait avec effroi la malfaisance indescriptible de l'impiété sur le pauvre peuple. A ce peuple,

[1] *Louis Veuillot* ; I, 279.

dont il était par la naissance, il aurait voulu rendre le seul soleil que puisse éclairer son horizon et réjouir son cœur. A la France, dont hier encore il ignorait les grandeurs chrétiennes, il aurait voulu assurer, au plus vite, des maîtres d'opinion capables de lui imposer un gouvernement digne de ses destinées providentielles.

*
* *

Albéric de Blanche voulait moins fortement, avec un tempérament moins passionné, les mêmes mutations profondes dans le pays. Cet emportement d'un néophyte, secouant pour les renverser les autels des idoles, lui déplaisait. Et il le dira, dans l'*Univers* lui-même, à la fin d'un article signé de son nom, et consacré au *Pierre Saintive* de Louis Veuillot [1].

Au début de 1841, la ligne politique du journal ne lui convient pas non plus tout à fait. Dans ses lettres à sa mère, il dit cependant : « Je crois qu'il devient meilleur ». Et encore : « J'ai ouï dire qu'il s'est modifié dans le sens de l'obéissance politique. M. de Montalembert y exerce moins d'influence peut-être. Le dogme politique de l'obéissance est la loi la plus sacrée

[1] *Univers* du 7 septembre 1841.

des citoyens. Or il l'était en 1830, comme aujourd'hui. C'est ce qu'on a quelquefois oublié aux bureaux de l'*Univers*. Il me le semble du moins... » Et enfin, ces lignes qui révèlent de qui Albéric tient ses jugements et à quelle résolution finale son esprit s'arrête : « Malgré que ses opinions ne soient assurément pas celles des glorieux fils de saint Ignace... Peu importe ! Ce journal, en attendant, jouit de la présomption d'une orthodoxie entière ; les intentions des fondateurs paraissent excellentes. On peut d'ailleurs espérer de les convertir. »

Laissons de côté la candeur de cet espoir. Celui qui s'abuse ainsi est un jeune homme de vingt-trois ans. Les illusions sont communes à cet âge. Mais les réflexions de ce jeune écrivain, qui va devenir collaborateur de l'*Univers*, rappellent les tiraillements dont le journal souffrait alors. Veuillot et du Lac étaient absolument d'accord sur l'attitude à garder en face de Louis-Philippe : on ne lui serait ni ami, ni ennemi ; on accepterait le régime établi, sauf à se réserver le droit de critiquer ses actes. Albéric de Blanche, en dépit de ses origines, s'enferme lui aussi dans ce système d'indifférence politique. Mais d'autres rédacteurs, étaient légitimistes. Ils l'étaient au point d'essayer de faire un journal nouveau : *l'Union catholique*. Malgré le concours de l'abbé Dupanloup, l'*Union catholique* vécut deux ans à peine (1841-1843) et finit par se fondre dans l'*Univers*. On le devine, cette fusion réunissait les porte-monnaie plus que les esprits.

La correspondance de Louis Veuillot conte, au jour le jour, l'histoire de ses dissensions. L'*Univers* faillit en mourir. Louis Veuillot fut sur le point d'abandonner le journalisme. La paix, entre les catholiques avant tout et les catholiques légitimistes ou orléanistes, ne fut jamais complète ni profonde. Jusque dans la manière de poser ou de soutenir la question vitale de liberté d'enseignement, de 1840 à 1850, on n'a ni le même esprit ni le même langage. L'apparition de l'*Alliance*, sous l'inspiration de Montalembert, en 1846 ; celle de l'*Ere nouvelle*, sous la direction de Lacordaire et d'Ozanam, en 1848, ne sont que la manifestation du conflit secret qui divise les catholiques, sur le choix des meilleurs moyens de servir l'Eglise dans la société contemporaine. Ce conflit éclatera violemment sous le second Empire. Il existe encore aujourd'hui.

Vivant dans la compagnie des écrivains les plus en vue qu'il rencontrait à l'*Univers*, au *Correspondant*, à l'*Université catholique*, Albéric de Blanche ne pouvait pas ne pas constater ces divergences. Il y fait allusion dans ses lettres à sa mère et à son oncle Raffin. Mais de 1841 à 1851, il n'en collabora pas moins aux trois périodiques. Son rôle était de second plan ; il se confinait dans les nouvelles religieuses ; il ne touchait pas à d'autre politique que celle de l'Espagne ; et il avait une noblesse d'âme supérieure. Tout cela lui permit de vivre au-dessus des querelles, qui mirent dans le cœur de Montalembert tant de bile amère, et tant de tristesse dans le cœur de Louis Veuillot.

Dans un prochain chapitre on verra la part que l'Espagne tint dans les travaux d'Albéric de Blanche. Ceci mis à part, il écrivit dans l'*Univers* beaucoup de chroniques religieuses non signées ; des feuilletons sur *Pierre Sain-tive*, sur l'hôpital de Villeneuve-sur-Lot, sur le *saint Ignace de Loyola* de S. du Terrail, sur le sanctuaire de Notre-Dame de Rocamadour ; il y publia enfin une nouvelle intitulée *Eusebia* [1].

Ces articles sont graves et sincères. Ils n'ont point cette abondance verbale et cette verve qu'il reprochait à Louis Veuillot d'avoir trop. Sa plume a l'allure lente. Son encre manque de couleurs. Mais ses sentiments sont élevés ; et il dit les choses comme il les voit et comme il les pense. Dans un feuillet écrit de sa main se trouvent ces réflexions significatives :

[1] *Univers*, 7 septembre 1844 ; 1er mars, 6 septembre 1844 ; 21 janvier 1846 ; 20, 21, 24, 25, 27 novembre 1847.

« J'étais plein d'incertitude. Je pesais vainement les moyens de la sagesse humaine ; mais
tous étaient d'un même poids, légers, et me-
nacés d'être emportés au premier vent de la
contradiction. Je me suis souvenu de mon
divin Maître, j'ai reconnu la sagesse de sa
simplicité... J'ai résolu de dire la vérité qui
est dans mon cœur et de rendre Dieu, dans sa
miséricorde, le témoin de ce qui est, le juge
de ce qui doit être et le ministre de l'avenir.

Tout appartient au Seigneur... Et ceux qui
cachent leurs secrets à leurs frères ne savent
pas que le Seigneur se met à converser avec
eux qu'on laisse dans le silence et à travailler
pour ceux qu'on oublie.

« Les yeux de celui qui ne regarde que ce qui
lui est propre s'obscurcissent ; il ne voit pas
même ce qui le touche ; il se brisera, lui et
son trésor fragile, contre la première pierre
que le pied d'un passant ou le vent du Seigneur feront rouler sur son chemin.

« Mais les yeux de celui qui aime deviennent comme des lampes lumineuses.

« Rendez, Seigneur, notre œil pur et tranquille comme la source d'un fleuve abondant
de paix. Amour ! Amour ! »

Dans ces effusions jaillies de son âme, un
jour de fête du Saint-Sacrement, Albéric de
Blanche laisse échapper ses secrets intimes.

Ainsi conçoit-il l'amitié, et les rapports avec le prochain, qu'on rencontre au hasard ; et le commerce qui se noue entre un journaliste et ses lecteurs. La sincérité est la grande loi qui régit les mouvements de sa plume. En faisant gauchir ses phrases, par flatterie ou par lâcheté, il croirait également déchoir de sa race et de sa foi.

Mais la verve âprement railleuse n'est ni son fait ni son goût. Quand Louis Veuillot malmène, dans ses *Propos divers*, quelque mécréant de la *Revue de Paris* ou des *Débats*, au spectacle de cette opération de police, tandis que Saint Chéron « gambade comme un singe », Albéric de Blanche « se voile la face [1] ». Aussi courageux dans sa croyance que Louis Veuillot, il n'a point son rude mépris, son horreur indignée du lettré impie. Ses articles de l'*Univers* respirent le parfum des temples et non la poudre des batailles. C'est un lévite fait pour chanter la religion, non un soldat armé pour la venger.

« On est généralement d'accord, écrit-il à sa mère, que les chrétiens doivent se mêler activement de toutes choses : gouvernement, poli-

[1] *Louis Veuillot*, I, 280. Eugène Veuillot note là qu'Albéric de Blanche était « étudiant en droit ». Non, Albéric était licencié depuis 1837, c'est-à-dire quatre ans avant de commencer sa collaboration à l'*Univers*.

tique, enseignement, littérature, tout a besoin d'eux. Quant à eux. ils sentent bien des répugnances s'affaiblir, ils traitent le monde d'un regard moins effarouché. Est-ce que le monde a moins peur d'eux et les attire ? Peut-être. Il est sûr que le titre de chrétien devient plus visible chez ceux qui le portent ; et il est porté aussi par quelques-uns que la grâce n'avait pas encore vaincus. Mais le monde, dans sa généralité, est toujours un triste spectacle ».

A ce monde qui pensait n'avoir aucun besoin de la foi catholique ou qui se contentait facilement de la foi sans les œuvres, Albéric de Blanche rappelait, avec moins d'éclat que Louis Veuillot, mais avec une égale ferveur, les bienfaits de notre religion immortelle.

Sur ces temps déjà lointains, nous avons un témoin de choix dans Veuillot. Voici comment il parle d'Albéric de Blanche, rédacteur à l'*Univers*.

« Le devoir n'avait jamais cessé d'être sa loi suprême, il l'observait, il l'aimait et les habitudes de sa pensée se reflétaient dans son maintien et sur son visage d'une beauté presque ascétique. Son aspect faisait penser aux illustres modèles de la jeunesse. Un peintre de nos amis [1], l'ayant vu tout rayonnant encore de

----

[1] Emile Lafon.

cette fleur de santé qu'il avait apportée de la terre natale, voulut le peindre à côté de saint Louis de Gonzague, comme la vive image des vertus que ce saint enseignait [1].

« Avec un immense enthousiasme pour le bien, il n'avait que des paroles calmes et mûres ; il ne se proposait que des desseins sérieux ; et le plus arrêté de tous était de servir Dieu et l'Eglise par une profession constante et publique de sa foi. Du reste candide et confiant à l'égard des hommes et des choses de la vie, presque autant qu'à l'égard de Dieu et des choses de la religion ; ne soupçonnant pas le mal, ne le voyant pas, se débattant pour n'y pas croire ; aussi plein de charité que de ferveur. Voilà ce qu'Ourliac étudiait avec un étonnement continuel. « Je n'aurais pas cru, disait-il, qu'il y eût de ces jeunes gens ailleurs que dans les romans ».

« Il fut tout de suite un des membres les plus zélés de la plupart des œuvres que réclament les besoins sans nombre et sans mesure de la misère parisienne. La Vénérable Sœur Rosalie, et quelques autres patrons de toutes les infortunes, le comptèrent bientôt parmi leurs aides de camp. Pauvre, obligé de tra-

---

[1] Le beau portrait peint par Lafon est pieusement conservé dans la famille de Blanche.

vailler beaucoup pour un mince salaire, il faisait l'aumône de ses loisirs et même de son temps ».

Après ce magnifique éloge du croyant, Veuillot en vient au journaliste.

« C'était à l'époque la plus laborieuse du journal. Inexpérimentés, accablés de polémiques, nous n'étions que trois ou quatre rédacteurs, pour suffire à tout. Albéric avait la charge qui exigeait le plus d'assiduité. Mais ses devoirs étaient ordonnés et aucun ne nuisait aux autres. Toujours très digne, peut-être un peu fier, résolu à ne se plaindre jamais, il ne voulait pas que le temps plus qu'autre chose parût lui manquer.

« Cette régularité extérieure était un effet de la régularité et de la solidité de son esprit. Il avait des principes sûrs, une raison droite, qu'il éclairait et fortifiait par l'étude. Son style aussi en reçut l'empreinte. Il se débarrassa de bonne heure de l'emphase, ordinaire aux commerçants, naturelle aux esprits qui se portent vers les grandes pensées ».

Et parce que le style est l'homme même, Louis Veuillot revient à l'homme et à sa beauté morale.

« Avant de perdre tout-à-fait la santé, Albéric avait perdu les illusions de sa jeunesse. Il avait pu vivre plusieurs années dans Paris et passer de vingt à trente ans, sans apprendre à connaître le monde, sans sonder le fond du cœur humain. Par sa vie toujours pure et sévère, il s'était préservé du spectacle des dernières ignominies ; mais le mensonge, l'égoïsme, la servilité, l'ingratitude, la soif des plaisirs, la soif de l'or, il les avait vus ; il n'ignorait plus l'existence du mal. Il n'en aima que davantage le bien et veilla d'autant plus rigoureusement sur lui-même ; se faisant une loi plus étroite de ne point abaisser en son cœur la dignité de l'homme et du chrétien. Ce cœur droit et fier devint alors chevaleresque. Pour s'éloigner de la pente commune, il fit comme une sorte de gageure, avec lui même, de pousser plutôt jusqu'à l'exagération tout ce qui était délicatesse, honneur et vertu [1] ».

Dans ce monde du journalisme parisien, où le scrupule, le désintéressement, la pureté des mœurs, la noblesse du cœur, le sérieux de l'esprit sont trop rares, le portrait que Louis Veuillot fait d'Albéric de Blanche n'invite-t-il pas à répéter le mot d'Edouard Ourliac : « Je croyais que de tels jeunes hommes n'existaient que dans les romans ! »

On ne sera point surpris qu'un tel journa-

---

[1] *Univers* 9 mars 1854. Cet article a été recueilli dans les *Mélanges*, 1ᵉ série, VI, 192- 200.

liste ait pensé à écrire une *Vie de saint Stanislas Koska* [1]. Et on ne sera pas surpris davantage qu'il ait écrit cette vie sous forme de
Lettres d'un frère à ses sœurs. L'appel de la
terre natale eut toujours dans le cœur d'Albéric des échos profonds ; dans cette maison de
Beurre où il était né, il était toujours présent
par le meilleur de son âme.

Il dit dans sa première lettre :

« N'êtes-vous pas d'avis, mes sœurs, que
l'absence en quelque sorte perfectionne l'amitié ? A ces douceurs naturelles que l'on goûte
lorsqu'on demeure dans le même toit, suc-
cèdent des sentiments plus purs et plus incor-
ruptibles, ceux qui se forment dans la résignation, dans la prière, dans l'espérance...

« Il y a quinze jours, je m'agenouillais encore avec vous devant l'image de la Vierge placée dans la chambre de notre mère. Là, chaque
soir, la prière réunissait les enfants, le père, la
mère, les serviteurs, et quelquefois un ou deux
amis plus intimes. L'un de nous récitait à haute
voix les paroles qui font oublier les anxiétés
du jour et disposent au repos de la nuit. Nous
bénissions Dieu de tous ses dons. Bénissez-le
surtout pour le don du souvenir qui perpétue
l'amitié à travers la distance et le temps ».

[1] Paris, Vaille, 1845.

En nombre de pages, pour peu que les incidents de la vie de son héros l'y invitent, Albéric se retourne ainsi vers la maison paternelle. Et ce flot des sentiments domestiques qui courent sous le récit et par instant jaillissent à la surface, donne à ce livre une douceur particulière.

L'auteur d'une bibliographie de l'Agenais le déclare mortellement ennuyeux. Le critique témoigne par là un égal mépris de la famille et de la religion ; ce qui n'exige pas des facultés supérieures. La vie de Stanislas Kostka est ennuyeuse comme un drame héroïque. Ce jeune polonais, né d'une lignée illustre, a commencé de bonne heure à redouter la souillure et les pièges de la vie facile. Plutôt que de perdre sa foi dans la maison d'un luthérien, il a préféré subir les coups d'un frère dénaturé et affronter les hasards de l'inconnu. Le plus dramatique voyage l'a conduit à Rome où il a trouvé, au noviciat des jésuites, la paix, la sécurité, et les aliments d'un amour de Dieu qui l'a consumé en deux années. La magnifique histoire !

A la fin de la quinzième et dernière *lettre*, Albéric disait au saint patron de la jeunesse :

« Soyez généreux ! qu'on n'ouvre point ces pages ; qu'on n'entende pas un mot de ces discours, sans se sentir transporté vers des pensées qui purifient l'âme en la rapprochant de la divine essence ».

Telle fut certainement l'impression des lectrices de Beurre, en parcourant ces *Lettres d'un frère*.

En novembre 1847, Albéric publia dans l'*Univers* une nouvelle. « *Eusebia*, dit Louis Veuillot [1], ne fut remarquée que du petit nombre de juges qui peuvent goûter la distinction du style et des sentiments. Le sujet est la lutte victorieuse du devoir public contre les entraînements d'une passion légitime Il y a de l'inexpérience dans le récit, mais on y entend des cris du cœur ».

Le jeune romancier confia un jour à Louis Veuillot qu'il avait écrit *Eusebia* « pour donner quelque contentement aux rebellions de son âme contre le train du monde ». Tout en acceptant la confidence, Veuillot pensa qu'elle n'était pas entière. Certaines pages du roman laissent, dit-il, « deviner des chagrins qu'Albéric a cachés à ses meilleurs amis ». Et en preuve de la conjecture, il cite ces lignes où l'auteur d'*Eusebia* semble bien « se trahir lui-même ».

« En écrivant cette histoire, j'ai trouvé des

---

[1] *Mélanges. Loc. cit.*

mots pour peindre les tristesses de l'absence. Les blessures poignantes de l'exil pénétrant mon propre cœur, en ont fait sortir des accents propres à traduire les longues et cruelles souffrances. Mais une joie pareille à celle qu'éprouve en ce moment Lucio — c'est le nom de l'officier carliste qui est le héros du roman — est au-dessus de tous les efforts de ma plume.

« Au contact d'un amour si pur et si abondant, l'âme de Lucio s'élève vers les régions qu'habite la beauté éternelle. Dans le transport que lui donne sa joie, il cherche par delà ce monde et le temps une sphère où son cœur se dilate sans mesure. Ainsi la piété se trouve au sommet de son affection, comme elle se trouvait mystérieusement cachée à sa base ; comme elle se serait révélée dans la destruction absolue de ses espérances ; comme elle se retrouve partout où existe quelque chose de pur, de profond et de sincère. »

Avec raison, Veuillot voit là un dernier salut, sinon un dernier regret, « aux rêves de la jeunesse ». Rompant avec les espoirs d'une union qui fut ardemment désirée, résolu à ne s'enfermer ni dans un cloître ni dans un séminaire, Albéric de Blanche demeura dans le monde, content, au début, d'avoir pour sa part Dieu et les lettres. Ne sait-on pas que Louis Veuillot converti vécut quelques années dans les mêmes sentiments ; et qu'Ozanam se demanda, au début de sa carrière, si le métier d'écrivain ne lui imposait point le célibat ? Mais leur jeune émule, avec des pensées aussi hautes, ne regarda jamais comme résolue la question de son mariage. Seule la maladie qui l'emporta empêcha la réalisation d'un projet que son oncle, le marquis de Raffin, avait formé pour lui.

On se tromperait fort, d'ailleurs, si l'on croyait qu'Albéric a écrit *Eusebia* pour se consoler d'un amour déçu. *Eusebia* est surtout la notation des récits de la guerre carliste, recueillis sur place, dans les provinces basques, tandis que le sol fumait encore du sang répandu. Du reste, à la première page de sa nouvelle, le romancier se défend d'être un amateur de psychologie et un inventeur de fictions.

« Celui qui trace ces lignes, déclare-t-il, n'a pas coutume de peindre des choses imaginaires. Son esprit n'a pas le don d'inventer. Il est saisi d'étonnement devant les chefs-d'œuvre qu'un poète tire de son propre cerveau. Pour lui, il se contente de crayonner des scènes dont la vérité lui est attestée par des rapports fidèles.

« Quant à l'ensemble de cette histoire, le narrateur ose penser qu'il en est peu où le caractère du peuple espagnol se montre d'une manière plus profonde et plus intéressante. On va se croire transporté en des temps de chevalerie, dont le souvenir ne vit plus que dans les livres, et cependant la scène sera de nos jours ; le lieu sera un pays voisin de notre pays ; les événements qui serviront de fond à ce petit drame seront ceux que les feuilles publiques nous racontaient hier et dont le bruit n'est pas même encore tout à fait apaisé ».

Et en effet, dans cette nouvelle, où une femme apparaît à côté des deux frères appartenant à la noblesse espagnole, l'intrigue amoureuse n'est presque rien, la description des sites tient peu de place ; toute l'âme du conteur s'en va à la tragédie de la guerre civile qui vient de mettre aux prises, sous les yeux de l'Europe inquiète, *Cristinos* et *Carlistas*.

De 1841 à 1850, il s'est livré en France une bataille, celle de la liberté d'enseignement, dans laquelle l'*Univers* et Louis Veuillot ont un rôle de premier rang. Albéric de Blanche était trop engagé dans les travaux du journal, trop attentif à la voix des évêques — laquelle ne cessa de retentir tant que dura la lutte — ; il était trop catholique en ses convictions, pour ne pas suivre avec émotion les péripéties de ce combat où étaient en jeu les droits sacrés de la conscience. Mais ce ne fut point son rôle de servir cette cause la plume à la main. Dans le journal, comme dans les revues, ou dans les livres, ses travaux furent consacrés à l'Espagne. Là aussi, d'ailleurs, l'Eglise, le clergé étaient attaqués avec violence ; des prélats et des hommes illustres soutenaient le choc sans faiblir. Tout en regardant, par dessus les Pyrénées, ce spectacle grandiose, Albéric de Blanche ne pouvait oublier son pays. Constamment, sous sa plume, le nom de la France vient se mêler à celui de l'Espagne.

Vers la fin de 1847, Albéric de Blanche écrivit à Falloux une lettre que nous n'avons pas et dans laquelle il devait lui exposer des plans d'action en Agenais. Falloux lui répondit :

« Un suffrage comme le vôtre, Monsieur, est pour moi d'un grand prix et je ne saurais assez vous remercier d'un encouragement aussi inattendu et aussi aimable. Le souvenir de nos relations m'est tout à fait présent ; et dès que vous serez de retour à Paris, je veux être le premier à vous demander qu'elles deviennent fréquentes et suivies, au lieu d'intermittentes qu'elles ont été jusqu'ici.

« Quant au côté sérieux de votre lettre, vous trouverez en moi, Monsieur, comme en d'autres occasions, l'écho de votre propre pensée. Nos amis de province ne font pas tous ce qu'ils peuvent faire et plusieurs égarent des forces très réelles, un dévoûment fort méritoire, dans des voies sans issue. Tant que la Providence, d'après ce que vous voulez bien m'indiquer, vous confie de nouveaux intérêts et vous retiendra plus éloigné de Paris, veuillez, je vous en supplie, mettre activement et résolument votre temps à profit. Tout dépend souvent d'une simple initiative. Il y a beaucoup plus de torpeur que de mauvais vouloir, plus de malentendu que de véritable passion ; et des explications, des réunions, des provocations d'action commune rencontrent toujours et partout des succès plus féconds qu'on n'aurait pu l'attendre des premières apparences.

« Veuillez donc me conserver votre bienveillance jusqu'au revoir, Monsieur, et agréer en retour l'expression vivement sentie des sentiments les plus reconnaisants et les plus dévoués de votre très humble serviteur ».

Dans cette politesse raffinée et presque excessive, on reconnaît l'homme dont les facultés enveloppantes ont frappé tous ceux qui l'ont approché. Il ne paraît pas cependant, au moins d'après les papiers d'Albéric, que les relations soient devenues « fréquentes et suivies ».

CHAPITRE V

—

L'AMI DE L'ESPAGNE
(1840-1847)

Pendant qu'il était encore à Beurre, sous la direction d'Edouard Manec, Albéric de Blanche avait appris l'espagnol. Son initiation à la langue et à la littérature de ce noble pays le pénétra de bonne heure d'une sympathie que la vue directe des choses d'Espagne changea en une sorte de religion.

C'est pendant les vacances de 1839, à la suite d'une saison à Bagnères de Luchon, qu'eut lieu le choc décisif, le coup de foudre. De Bagnères, où il est revenu après avoir franchi la frontière, Albéric écrit à Mme de Blanche :

« Je suis tenté de tomber à genoux devant l'infini Créateur, aux souvenirs magnifiques qui remplissent ma mémoire. Une course dans les montagnes devrait être un pèlerinage aux monuments de la divine splendeur : il faudrait les faire dans le cantique silencieux d'une perpétuelle adoration. Oh ! rien ne peut donner une idée de ces magnificences de la création ».

Puis vient la grande confidence :

« J'ai fait hier un voyage où j'ai recueilli des impressions d'un autre genre, mais tout aussi énergiques et vivantes : ma première visite à l'Espagne. Le génie espagnol, avec toute sa beauté, sa solennité, son recueillement, plein de palpitation héroïque : tout cela se sent, se touche ou se devine, dans le premier village espagnol.

« Oh ! quelle conversation on a avec ces hommes ! quelle émanation triomphante de la fierté nationale ! quelle image de la foi populaire ! quelle profondeur des sentiments religieux ! Puis un vivant tableau de la lutte actuelle : les carabiniers faisant des processions comme des prêtres, avec une bannière improvisée ; la vivacité, la grâce, la franchise, sous le linceul d'une épouvantable misère. Tout cela dans un village, dans un hameau d'une vallée à moitié française.

« Oh ! quel génie ! Nous en avons été l'âme suspendue.

« Nous projetons un voyage de trois jours.

Ma bonne mère, ces voyages qui ne peuvent se faire qu'à mes frais me coûteront bien de l'argent, ce me semble ; peut-être quarante francs. Me les permettez-vous ? C'est ma vie, dans ce temps dérobé à mes études. C'est un meilleur livre qui s'apprend par intuition. Montagnes et Espagne, tout cela est plus fécond que les bibliothèques ».

Ces lignes en témoignent, au premier contact avec la terre d'Espagne, Albéric éprouva une émotion sacrée qui décidera de sa vocation littéraire. Dès ce moment le cœur est pris.

En janvier 1840 nouveau voyage. Albéric, après un séjour à Bayonne chez ses parents de la Perrière, franchit les Pyrénées, par Irun et Saint-Sébastien, et parcourt l'une après l'autre les trois provinces basques Guipuzcoa, Biscaye, Alava. Tolosa marque le point extrême de son itinéraire. Nous avons ses notes de voyage. Les villages l'intéressent encore plus que les villes. Là il trouve le peuple espagnol au naturel. Il cause avec les travailleurs des champs, avec les tenanciers des *fondas* de village, avec ses compagnons de diligence. Il se promène dans les vallées sauvages, il visite les églises de campagne. Il interroge les paysans, hier encore soldats de la guerre carliste. Une par une les impressions qui montent de ce sol héroïque et patriarcal l'envahissent, le pénètrent, le transportent, Pour écrire, en 1847, *Eusebia*, il n'aura qu'à laisser courir sa plume à travers ses souvenirs.

Malheureusement presque rien ne demeure de sa correspondance avec les siens ou avec ses amis, durant ce mois de séjour au pays basque.

Ses sœurs Anita et Elisabeth lui avaient recommandé de leur rapporter des bibelots d'Espagne. Il le fit sans doute. Il fit mieux encore ; elles reçurent de lui, quand il retourna à Bordeaux, après son voyage, ce charmant billet :

« Je vous adresse, mes sœurs, un des chants les plus purs et les plus mélodieux de Fray Luis de Leon. Si j'étais plus près de vous, je vous ferais lire ce cantique, si doucement triste, et si suave dans sa mélodie à la fois agitée et sonore...

« Je voulais depuis plusieurs jours vous envoyer aussi un autre morceau tiré d'un autre saint poème de Calderon . Je n'ai pas eu le temps de le faire aujourd'hui.

« Vous voyez que je ne cesse d'aimer la piété de l'Espagne. Il n'y a vraiment que cela d'aimable sur la terre, en Espagne, en France, à Villeneuve et partout. La piété sur la terre, l'adoration dans le ciel. Mais ne parlons pas trop de cela. Nous parlerions de choses que nous ne connaissons pas ; je ne dis pas vous, mais moi et tous ceux qui me ressemblent.

« Oh ! si vous aviez vu de près et entendu comme moi le glorieux compagnon du Christ, le P. de Ravignan ! Celui là sait tout ce qu'il y a de félicité sur la terre et il entrevoit tout ce qu'il y a de félicité dans le ciel. J'ai eu le bonheur de lui parler d'Anita. J'irai encore lui parler quelquefois. Je touche de ma main en vous écrivant un livre qu'il m'a donné.

« Adieu, toutes les trois, je vous embrasse tendrement, comme j'espère vous aimer toujours ».

Anita de Blanche était à Bayonne, chez les la Perrière, qui l'avaient adoptée comme leur fille. Valérie, Elisabeth, Camille, demeuraient à Beurre. Elles avaient appris l'espagnol, de la bouche d'Edouard Manec, en même temps que leur frère Albéric. C'était une joie pour elles que de lire des vers de Fray Luis de Leon. Albéric, d'ailleurs, ne les avait point choisis au hasard. Désireux lui-même alors de se marier, il prêtait naturellement à ses sœurs le même désir. Pour elles et pour lui, l'impécuniosité faisait obstacle. Pour les consoler, il leur donnait à lire la *Romance de Juan de Ribera*.

Le bon comte se promenait
Tout plein d'ennui,
Des chiffres noirs dans les mains,

A l'endroit où il voulait prier,
Disant des paroles tristes
Des paroles à pleurer.

Je vous vois, ma fille, déjà grandie,
Et en âge de vous marier.
Et la plus grande douleur que je sens
Est de n'avoir rien à vous donner.

— Taisez-vous, père, taisez-vous,
Vous ne devez point avoir de chagrin.
Car celui qui a une bonne fille
Se doit tenir pour riche.

Et celui qui en a une mauvaise
La peut enterrer toute vive :
Car par là s'amoindrit son lignage
Qui ne se devrait amoindrir.
Quant à moi, si je ne me marie,
Je puis entrer en religion.

Ni Elisabeth, ni Valérie n'entreront en religion ; elles ne se marieront pas non plus. Camille, quelques années après, épousera Ferdinand de Leotard. Lorsque, dans le salon de Beurre, durant une soirée d'hiver de 1840, les trois jeunes filles lurent la mince feuille de papier où la main d'Albéric avait copié, pour elles, les vers de Fray Luis de Leon, peut-être que leurs larmes se mêlèrent à celles de leurs parents ; et, dans le silence, chacun s'enfonça dans sa rêverie, tandis qu'aux murs les portraits des ancêtres regardaient de leurs yeux grands ouverts.

Les jeunes sœurs prirent goût sans doute

aux envois poétiques du voyageur de Bordeaux,
Le 15 février 1840, il leur écrit une longue lettre où il s'amuse à comparer une chanson patoise du pays d'Agenais avec un romance espagnol :

« Vous rappelez-vous la belle chanson des moissonneurs :

> C'est la belle Françoise
> Qui a perdu son ami.

« Cette chanson si belle à entendre, dans les champs de blés mûrs, pendant les longs jours d'été, combien nous aimons son air tranquille et plantif :

> Je vais le long de l'eau
> Voir si je le vois venir,
> Je ne vois venir personne,
> Rien que trois chevaliers.
> Deux l'ont saluée
> Et l'autre n'a rien dit.

« Quand le pauvre chevalier regarde la belle Françoise, son cœur s'émeut, il est près de fondre en larmes :

> Et donc, adieu, Françoise,
> Que faites-vous ici ?
> — J'attends et j'espère,
> J'attends mon ami.

« Et le chevalier a le courage de lui répondre :

> N'attendez pas, Françoise,
> Car je l'ai vu mourir.
> J'ai tenu le cierge
> Pour le faire enterrer.
> Nous l'avons mis en terre
> Au pied d'un romarin.

« A ces mots, la pauvre Françoise éclate en sanglots. Le chevalier lui dit :

> Ne pleurez pas Françoise,
> Je vous servirai d'ami.

« Que répondit-elle ? ô nos pères, pourquoi ne l'avez-vous pas dit ?

Du thème de la chanson agenaise, Albéric rapproche ce romance de Juan de Ribera :

> Chevalier des terres lointaines,
> Venez ici, arrêtez-vous.
> Fichez votre lance en terre
> Et attachez votre cheval.
> J'ai à vous demander des nouvelles,
> Et si vous connaissez mon mari ?
>
> — Votre mari, madame,
> Dites, de quels signes est-il marqué ?
> — Mon mari est jeune et blanc,
> Gentilhomme et bien courtois,
> Très grand joueur de trictrac
> Et aussi de jeu d'échecs.
>
> Sur le pommeau de son épée
> Il porte blason de marquis,
> Sa robe est de brocart d'or
> Et son revers de cramoisi.
>
> Tout près du fer de sa lance
> Pend un fermoir portugais,

> Qu'il gagna dans une joute
> Contre un valeureux Français.
>
> — A ces signes. je vois, Madame,
> Que votre mari est trépassé.
> A Valence on le tua
> Dans la maison d'un Gênois.
> Sur la table du trictrac,
> Un Milanais le tua.
>
> Bien des dames le pleurèrent
> Et des chevaliers en harnois,
> Mais la fille du Gênois
> Par-dessus tous le pleura.
> Tous disaient d'une voix commune
> Qu'elle était amoureuse de lui.
>
> Pour vous, si vous devez aimer,
> Pour un autre ne me laissez pas.

« N'est-ce pas, mes chères sœurs, l'histoire de la belle Françoise que nous entendons ici ?...

« Notre belle Françoise n'a pas autant d'esprit ni de grâce que la marquise du romance espagnol. Mais elle a, j'en suis sûr, autant de fidélité... Qui peut douter qu'elle n'ait répondu (bien que la chanson ne le dise pas) tout comme la marquise castillane. Or voici, selon Ribera, comment finit l'entretien avec le chevalier :

> Pour vous, si vous devez aimer,
> Pour un autre ne me laissez pas.
> — Ne me l'ordonnez pas, Seigneur,
> Seigneur, ne me l'ordonnez pas !
> Avant que cela se fasse,

> Seigneur, moniale vous me verrez.
> — Moniale ne soyez, Madame,
> Vous ne pouvez faire cela.
> Puisque votre mari très aimé
> Devant vos yeux vous l'avez.

« Chères sœurs, si jamais je retourne aux bords de l'Arlanzon, au pays riant du chevalier des terres lointaines, je veux demander à tout le monde si l'on se souvient de lui. Peut-être Juan de Ribera chante-t-il encore ; alors il doit être bien vieux. S'il est mort, je ne pourrai jamais savoir sur quel air il chantait ces gentilles paroles :

> Chevalier des terres lointaines
> Approchez ici et arrêtez-vous !
> Fichez votre lance en terre,
> Attachez votre cheval.
> J'ai à vous demander des nouvelles,
> Et si vous connaissez mon mari.

« Traduisez bien ce romance. Relisez-le souvent, avec l'accent et la même mesure, jusqu'à ce qu'il vous semble que vous le chantez. Alors, chères sœurs, vous sentirez, dans votre âme, combien il est doux d'entendre les secrets des âmes qui depuis longtemps ne parlent plus.

Le pèlerin ».

D'autres que les habitants de Beurre auraient bien voulu avoir des nouvelles du voyageur revenu d'Espagne. Un jeune Villeneuvois de ses amis le pressait en ces termes.

« Parlez-moi de votre voyage. Combien vous avez dû jouir, en vous trouvant dans la patrie de Calderon, que vous aimez tant et dont vous m'avez quelquefois appris les beautés. Je m'associe à tous les sentiments que vous inspire ce peuple chevaleresque, qui, malgré le bouleversement des nations voisines, a su conserver ce cachet de nationalité encore empreint du caractère poétique du moyen âge, vers lequel vous vous reportez avec tant de charme ».

Et peut-être, durant les trois ou quatre mois qu'il passa à Bordeaux, chez les Calvimont, de février à mai 1840, Albéric commença-t-il à écrire ses impressions de voyage.

*
* *

Mais, une fois à Paris, tout s'éclaire, les desseins futurs s'esquissent avec netteté. Dans une lettre à sa mère. Albéric écrit ces lignes qui sont l'annonce de toute sa carrière littéraire.

« Je vais commencer de glorifier Dieu par l'Espagne. Je redirai les paroles des saints confesseurs, les œuvres des saints rois, les chants des poètes religieux, la joie d'un peuple catholique, la gloire des générations chrétiennes menées à la vie éternelle par la houlette des saints pasteurs. J'oserais, si le bon Dieu acceptait et encourageait ma louange, j'oserais entreprendre de longs travaux pour révéler cette partie de l'œuvre divine, accomplie dans le sein de l'immortelle Eglise, par l'opération du Saint-Esprit ».

Un moment, nous l'avons déjà dit, les cours de l'*Université catholique* ouvrirent, devant ses yeux ravis, la perspective d'une série de leçons consacrées à la littérature espagnole. En vue de mesurer ses forces, il avait écrit un *morceau* de grande étendue :

« Le *morceau* que j'achève de transcrire pour en faire l'usage que vous savez, est approuvé de mes *amis*. Ils y verront l'Espagne dans un jour intéressant. Mais je veux attendre le jugement désintéressé des maîtres, avant de m'avancer dans la continuation d'un très long ouvrage... J'espère envoyer bientôt à M. Edouard [1], le plan de ce travail et le projet de l'ouvrage dont il fournit les premières pages. Il est du reste assez long, ce qui pourrait gêner la publication dans un journal. Je retrancherai, au besoin, ou recomposerai ou referai. Ne parlez point de ceci, ma très chère mère, ce sont des choses à régler auparavant avec la volonté divine ».

En permettant certains événements, la « volonté divine », a fixé définitivement Albéric dans l'étude de l'Espagne.

[1] Edouard Manec.

En ce temps là, commence à briller sur l'horizon de la Péninsule, l'étoile lumineuse de Jacques Balmès. Obscur jusque là, même dans sa petite patrie catalane, le jeune prêtre, en 1840, fixe l'attention publique. Son premier écrit, *Observations sociales, politiques et économiques sur les biens du clergé* (avril 1840) fit réfléchir les hommes d'Etat et tressaillir la Catalogne. Trois mois après, Balmès imprimait à Barcelone ses *Considérations politiques sur la situation de l'Espagne* (août 1840). Les bandes carlistes étaient vaincues, Marie-Christine abdiquait à Valence, Espartero était le maître du pays. A ce pays troublé par la révolution et divisé par la guerre civile le prêtre catalan rappelait les conditions politiques et religieuses nécessaires à son avenir. Sa brochure le fit connaître dans toute l'Espagne comme un maître.

Malgré l'ardeur des convictions qui l'avaient lancé au milieu des batailles de la vie publique, Balmès était, avant tout, un prêtre. Avant même que de s'occuper des écrits qui avaient révélé sa clairvoyance et son courage, il s'était préoccupé de défendre l'Eglise contre les affirmations dédaigneuses de Guizot. Il parlait mal notre langue, mais il la lisait à merveille. Dans son *Histoire générale de la civilisation* en Europe, Guizot observe que l'Eglise, si elle avait été dans la nuit de la barbarie et du moyen âge une tutrice bienfaisante des peuples, n'avait plus eu de rôle à remplir en Europe du jour où la Réforme avait émancipé l'esprit humain. Balmès se mit à étudier le problème soulevé par l'historien protestant. Le livre du *Protestantisme comparé au catholicisme* sortit de ses fécondes méditations.

Quand l'éditeur barcelonais Taulo reçut de l'auteur le manuscrit, il fut enthousiasmé. Il eut l'idée hardie de lancer le livre en français à Paris, en même temps qu'en espagnol à Barcelone. Il conduisit Balmès à Paris. C'est alors qu'eut lieu la rencontre qui devait décider de toute l'activité littéraire d'Albéric de Blanche.

Bonnetty présenta à l'écrivain espagnol le jeune hispanisant. La traduction du livre de Balmès commença immédiatement, sous les yeux mêmes de l'auteur. Les confrères de Saint-Paul attirèrent dans leur cercle ce prêtre qui bientôt allait devenir célèbre en France, et osèrent lui demander un article pour la *Revue critique et littéraire*. Sans livres ni notes d'aucune sorte, Balmès tira de sa mémoire admirable quelques pages sur Mariana. Il écrivit en français cet article, qu'il publiera plus tard, avec des variantes dans la revue la *Civilisacion*, qu'il dirigeait à Barcelone depuis un an. La confrérie de Saint-Paul fut ravie de son hôte. Elle admira fort qu'un Catalan, qui venait de franchir nos frontières, connut si parfaitement notre langue qu'il fallût à peine retoucher à son écrit quelques lignes. Lui fut consolé de voir et d'entendre, dans le Paris de Louis-Philippe, les jeunes chrétiens dont la foi était si ardente et les désirs de conquête si généreux.

Son traducteur fit diligence. Les deux premiers volumes du *Protestantisme comparé au catholicisme dans ses rapports avec la société européenne* parurent l'année même (1842) chez Debecourt, 64, rue des Saints-Pères. Le troisième volume parut en 1844, chez Sagnier et Bray, successeurs de Debecourt.

Albéric de Blanche n'avait pas signé son œuvre. Les périodiques amis ne mirent guère d'empressement à la signaler. L'*Université catholique*, dont Albéric était collaborateur, n'en parla qu'en novembre 1844 ; le *Correspondant* où il écrivait aussi, rendit compte du livre [1] en février 1845 seulement [2]. L'*Univers* eut plus de générosité et de bonne grâce. Le 25 septembre 1842 et le 22 février 1843, Albéric de

---

[1] Nov. 1844, pp. 386-396. L'article était de Combeguille.

[2] L'article était d'Adrien de Thuret, qui ne nommait pas Blanche.

Blanche put faire lui-même l'éloge des volumes de Balmès. Le journal ouvrit encore ses colonnes pour insérer les pages si remarquables de l'écrivain espagnol sur l'Inquisition [1].

Dans ce livre, où il donnait la réplique à Guizot, Balmès touchait aux sujets les plus brûlants de la politique. Bien que l'Espagne y fût en cause, l'Eglise y était encore plus. D'un ton calme, avec une étendue de connaissances et une force de raison extraordinaires, le jeune prêtre catalan s'expliquait sur les antiquités chrétiennes, le moyen-âge, le monachisme et la chevalerie, le protestantisme et les jésuites, la tyrannie et la démocratie, la liberté et la conscience publique, le fanatisme et la tolérance, la bienfaisance et la science. Aucun des thèmes où s'alimentait la polémique religieuse contemporaine n'était oublié. Dans toutes ces questions troublées par la passion, obscurcies par l'ignorance, Balmès apportait une lumière pacifiante. Les catholiques français de 1842 durent à Albéric de Blanche le bienfait de cette lumière.

On se rappelle qu'en 1840, Albéric de Blanche avait rédigé une assez longue *Introduction à l'histoire de la littérature espagnole*. Ses conseil-

[1] 26, 28, 30 octobre, 9 et 11 novembre 1842.

lers d'alors durent l'inviter à garder ce travail en portefeuille ; nous n'avons pas trouvé trace de cette étude dans les revues du temps. Mais, en août et septembre 1843, l'*Université catholique* publia son remarquable travail *de la presse religieuse en Espagne* [1].

« En traçant le tableau de la presse religieuse en Espagne, écrit Albéric au début de son premier article, notre intention n'est pas seulement de nommer quelques écrivains, et de présenter une nomenclature de recueils périodiques ; nous essayerons de faire comprendre l'état des esprits dans le royaume de Charles-Quint ; nous rappellerons des âges de foi et de grandeur, pour mieux faire saisir la misère présente ; nous mêlerons à nos réflexions sur les efforts de la presse catholique certains détails qui peignent la situation d'un peuple malheureux et expliquent son infortune ».

Avant la récente révolution, point de presse religieuse en Espagne. La presse catholique, malgré ses erreurs, gardait un respect apparent du *Credo*. Elle attaquait les moines, la propriété ecclésiastique, l'Inquisition, parfois le pape, jamais la foi chrétienne. Un certain jansénisme hérité du XVIIIe siècle explique ce phé-

---

[1] *Univ. cath.* août 1843, pp. 115-125 ; sept. 1843, pp. 222-232.

nomène au premier aspect contradictoire. La suppression des jésuites, l'indolence du clergé actuel, les déportements de l'antique monarchie, contre l'Eglise et l'esprit de l'Eglise, expliquent et la prépondérance et la formation de l'opinion dite libérale. La guerre entre libéraux et carlistes est une guerre d'idées autant que de personnes. Un peu avant que le traité de Vergara eût mis fin aux coups de canon, les meilleurs des catholiques sentirent la nécessité de combattre à coups de plume, pour revendiquer en faveur de la religion nationale la place qui lui convient dans le pays de Ximenès. La *Voix de la religion* parut à Madrid. C'était une revue qui paraissait trois fois par mois. Bientôt elle s'appela *le Réparateur*, qui est aujourd'hui devenu un journal quotidien. Depuis 1840, Madrid en possédait déjà un autre intitulé *Le Catholique*. Celui-ci est la plus considérable des feuilles catholiques de la capitale. La *Croix*, née en 1842, était une feuille véritablement littéraire et politique en même temps que religieuse ; elle n'a vécu qu'un trimestre. Ses rédacteurs avaient une flamme de jeunesse et de poésie admirable. Cela ne suffit pas. Après six mois, la *Croix* disparut dans le *Héraut*. Ses écrivains y demeurèrent impuissants à donner aux questions religieuses l'importance qu'elles méritaient. La revue intitulée *La religion et la raison* n'a pas eu plus de succès que la *Croix.*

Il faut aller en Catalogne pour trouver des initiatives plus puissantes. Dès 1837, Roca y Cornet, seul d'abord, fonda *La Religion.* Puis avec l'aide de Ferrer et de Balmès, il transforma son recueil en un meilleur qui s'appela *La Civilisation.* Ce périodique est, de beaucoup, le plus intéressant, le plus vivant de toute la presse religieuse d'Espagne. Ces Catalans ont regardé par delà les frontières. Les efforts d' O'Connell en Irlande, ceux de Lamennais en France, les ont soulevés de fierté et d'espoir. Ils sont généreux, courageux ; ils croient à l'avenir. Roca y Cornet est érudit, lettré, Ferrer hardi et réfléchi à la fois. Balmès, moins brillant, a une pénétration et une solidité d'esprit rare. Après avoir combattu ensemble, ils se sont séparés, Roca y Cornet a repris son ancienne revue *La Religion.* Balmès a fondé la *Société.* A côté de la revue du docteur par excellence de l'Eglise d'Espagne, il faut signaler *Le vrai catalan,* redigé en catalan, très religieux et très régionaliste à la fois, il aspire à assurer dans toute la Catalogne la fidélité au vieux Christianisme et les libertés provinciales. Enfin de ce sol fécond est née la *Revue catholique.* Les hommes d'Etat de la Péninsule, dans une sorte de sauvagerie ombrageuse, n'ont point voulu que les *Annales de la propagation de la foi* pénétrassent par delà les Pyrénées, ni qu'elles y fussent traduites, ni que les aumônes de l'Espagne vinssent grossir le trésor apostolique de *l'Association* lyonnaise. La *Revue catholique* a été fondée, précisément pour entretenir dans un pays qui a dû livrer tant de combats pour la foi, le zèle qui propage au loin l'Evangile. Les *Archives Catholiques*, créées presque en même temps à Cadix, ont à peu près le même but.

A Cadix encore, on a fondé *L'Epoque* et à Valence, *la Restauration*. Mais, en dépit des bonnes intentions de leurs fondateurs, ces périodiques n'ont rien de la vitalité des périodiques catalans.

Après avoir constaté et jugé toutes ces initiatives, Albéric de Blanche conclut :

« Si l'on songe jusqu'à quel point l'Espagne, soit politique, soit religieuse, est accoutumée à user de l'épée plutôt que de la plume, on s'étonnera que les catholiques, faisant appel à l'attention publique par des discours, et non plus à coups de fusil, aient, néanmoins, réuni un si vaste auditoire. Cela prouve évidemment deux choses : que l'Espagne incline à la paix, puis qu'elle a recours à la discussion, dans laquelle l'homme intellectuel et moral s'agrandit de tout ce qui est enlevé à la violence ; et que le catholicisme n'a pas moins à compter sur l'intelligence de l'Espagne que sur ses armes.

« C'est sur cette double conclusion (puisse-t-elle être légitime) que nous aimons à laisser la pensée de nos lecteurs ».

*
* *

C'est probablement durant le séjour de Balmès à Paris (avril-octobre 1842) qu'il fut décidé qu'Albéric de Blanche ferait un long voyage en Espagne. Jusque là, le chroniqueur de *l'Univers*, pour écrire de pertinents articles, s'était mis en rapport — nous le savons par Louis Veuillot[1] — « avec ce qui se trouvait à Paris d'Espagnols à même de le bien renseigner » sur la Péninsule, spécialement au point de vue religieux. « Il connut, dès cette époque, Donoso Cortès encore incrédule et encore obscur ». Les livres d'histoire, les revues et les journaux venus d'Espagne ne lui étaient pas étrangers. Mais quelle différence entre les informations des livres ou les récits des causeurs, et la vision directe des choses. En deux courses inégalement rapides, Albéric avait bien passé les Pyrénées ; il n'avait pas pénétré au cœur du pays. Il irait donc.

Avant de quitter Paris, le voyageur règle ses dettes, suppute l'argent nécessaire à son vo-

[1] *Mélanges* 1re Série, VI, 194.

yage. Sur quoi, il s'écrie avec une fierté embarrassée :

« Oh ! mes bons parents ! que je suis un mauvais fils, inutile et coûteux ! Adieu, Adieu ! Je vous embrasse bien tendrement ».

En dépit de la dépense à prévoir, l'avis du P. de Ravignan et de Mme de Blanche fut sans doute qu'Albéric devait faire en Espagne la grande enquête projetée. Le 21 août 1843, il faisait signer à Pau son passeport.

Pour le suivre à travers son pèlerinage, nous sommes hélas ! privés des documents les plus significatifs. Aucune lettre de cette époque n'est demeurée parmi les papiers de sa famille ; le carnet auquel il renvoie, pour les notes les plus intéressantes, a disparu ; celui qui nous reste ne contient que de brèves phrases, écrites tantôt en espagnol, tantôt en français, tantôt à l'encre, tantôt au crayon ; c'est un *memento* très sommaire ; il n'a guère d'autre avantage que de fixer l'itinéraire du voyageur, et quelques-unes de ses impressions.

Peu auparavant, Théophile Gautier avait fait son voyage en Espagne (1840). Ce romantique rutilant et joyeux a décrit sa promenade. A travers les paysages sévères et les mœurs populaires de la péninsule, son regard s'arrête complaisamment. Les costumes, les danses, l'aspect des maisons, les figures des femmes, les cafés et les théâtres, tiennent, dans son récit, beaucoup plus de place que les monuments de l'art. L'histoire est absente comme la religion. C'est avec d'autres yeux, une autre âme, qu'Albéric franchit les Pyrénées. S'il eût écrit ses souvenirs de voyageur, quel livre il eût laissé différent de celui de Gautier ! Celui-ci est, pour ainsi dire, tout en dehors et très coloré. Le sien eût été tout en dedans et très ému. Gautier est un romantique qui cherche des sensations nouvelles. Albéric de Blanche est un ascète, dont la foi s'exalte, au contact des manifestations passées et présentes de la foi espagnole.

Il va par Biarritz, Irun, Hernani, Andoain, Azpeytia, Durango, Bilbao (23-27 août). Tout ce pays a été sillonné par les troupes carlistes. On lui conte les épisodes de ces luttes d'hier, les terribles fusillades et les vengeances atroces. Au milieu de ces histoires tragiques, le voyageur note d'un mot les beautés de ces paysages de montagnes, la fureur de danser qui distinguent les Bilbainos ; les couvents au portail artistique et aux tableaux de prix, marqués pour la destruction, par le fisc qui les a vendus, les moines ou les moniales une fois chassés.

En allant de Bilbao à Vitoria, Albéric rencontre un député aux Cortès qui lui narre toute l'histoire des *fueros* basques. Il visite l'église romano-gothique de Miranda, salue les lions héraldiques qui gardent le pont de l'Ebre, traverse les défilés sauvages de Pancorbo, et, par Briviesca, arrive enfin à Burgos (29-30 août).

Dans la cité du Cid, le voyageur se donne le loisir (31 août-4 septembre) d'admirer les splendeurs de la cathédrale et les merveilles de la Chartreuse de Miraflores, la maison du Cid, la promenade, avec ses statues de rois, qui domine l'Arlanzon, le monastère de las Huelgas fondé par Alphonse VIII au xiie siècle, avec sa fresque de la bataille de las Navas, et la jolie église de San Lesmes. Il est étonné du nombre des prêtres, du vide des couvents. Quand il quitte la ville aux héroïques souvenirs, il note sur son carnet que, dans l'auberge de Badals où il est logé, il a trouvé à souhait puces et punaises, et un balcon à sa fenêtre d'où il contemplait au loin les collines crayeuses de la Vieille Castille.

A Valladolid, il fait la connaissance d'un obligeant français, Raymond Calaprade, fabricant de parapluies. Il visite au Prado, le couvent des Hieronimites, avec sa belle sacristie, ses beaux livres de chœur mutilés, et la vue magnifique sur le Pisuerga et la plaine. Le clergé est nombreux, trop nombreux. Au moment du choléra, les ravages de la contagion furent affreux. L'archevêque, qui ordinairement résidait à la cour, accourut au milieu des moribonds. Il a du talent, du caractère, de l'intégrité. Les biens de moines se vendent à bas prix. Aux enchères, les offres pour le couvent du Prado n'ont pas dépassé 60.000 réaux. Naturellement Simancas attire le pèlerin. L'archiviste, Juan-Maria Garcia, a passé quatre ans en France. Il est très instruit et très aimable ; il fait en gentilhomme les honneurs de sa maison. Albéric admire la richesse, l'ordre, la propreté. On lui montre les dossiers des *Comuneros*, des jésuites ; des pièces signées par des hommes illustres. On le conduit aussi dans l'étroite cellule où le fameux évêque de Zamora fut enfermé au temps tragique des guerres civiles qui troublèrent le début du règne de Charles Quint. En revenant à Valladolid, Albéric visite au musée des crucifix impressionnants, dans les églises les Vierges douloureuses si angoissées, le couvent dominicain de Saint-Grégoire, le couvent bénédictin de Saint-Paul.

Plus il va, plus il admire, dans ce pays si différent de la France.

Le 7 septembre il prend la route de Madrid, où il arrive le 8. La capitale de l'Espagne lui paraît semblable à une ville de province, qui aurait un Musée magnifique, un beau palais royal et des promenades somptueuses. Il est frappé par le cérémonial d'une messe militaire à laquelle il assiste. Des hauteurs du palais royal, il contemple le coucher du soleil ; et le spectacle de l'horizon embrasé lui fait comprendre les fonds ardents des tableaux de Velazquez. Il se promène en curieux, *calle de Alcalà* et *Puerta del sol*. Mais la politique et le dedans de la vie espagnole lui importent davantage. On lui raconte la vie de Ferdinand VII et on lui révèle le caractère de Don Carlos. Il fait visite à Donoso Cortès (13 septembre), au P. Puyals, précepteur des enfants de Don Carlos (18 septembre). Le premier lui parle du dernier discours du cardinal Pacca et des relations de Madrid avec Rome. Le second s'échappe en confidences abandonnées sur son prince. Avec qui le peut renseigner, le voyageur s'informe du clergé espagnol. Il observe de près les prêtres qu'il rencontre, comme les jeunes soldats qui passent. Il lit les articles politiques de don Juan Leon Bendicho dans la *Revista de Madrid*.

Le 23 septembre il entre à Tolède, qui lui apparaît, au soleil couchant, comme une couronne de feu dominant le Tage. Il est logé princièrement dans une chambre ornée de portraits illustres : Ercilla, Murillo, Campomanes, Feyjoo, Ximenès, Juan d'Autriche. Au milieu de toutes ces gloires espagnoles, une gravure représente la Vierge remettant une chasuble blanche à saint Ildefonse. Quand il se couche dans son alcôve, il lui semble qu'il va faire des rêves héroïques. Dans la nuit il s'éveille. Une modulation douce et triste monte jusqu'à lui. Il écoute cette musique singulière, religieuse pourtant. Il pense au rit mozarabe. Il n'y peut tenir ; il se lève. De son balcon, il aperçoit une procession rangée derrière une bannière. Des enfants chantent l'appel au Rosaire de l'aurore. Le soleil est à l'horizon.

Pendant six jours (23-29 septembre), Albéric de Blanche s'emplira les yeux et l'âme des beautés de Tolède morte, où la main puissante des rois catholiques et des primats d'Espagne fit jaillir du sol tant de merveilles.

En route pour Ségovie. Dans cette ville curieuse plantée à la pointe d'un rocher, le voyageur regarde avec étonnement le vieil aqueduc des Romains, les églises nombreuses, la chapelle de la vraie Croix, bâtie, dit-on, par les Templiers, l'Alcazar dominant les vallées profondes, l'hôtel des monnaies, le marché pittoresque qui amène, de tous les villages à la ronde, les paysans aux grands chapeaux et à la cuirasse de cuir par dessus leur veste courte.

Le 8 octobre, départ pour la Granja et l'Escorial. La route, jusqu'au sommet de la Sierra nevada, est admirable : bouquets de pins, perspectives variées, ponts pittoresques, chars à bœufs, miquelets en armes. Au faite, tout l'horizon est tendu d'un rideau de pluie fine, illuminé par le soleil ; tandis que sur la pente on avise Zarzadilla et ses scieries à bois ; Villa de los molinos, et des prés et des champs et des arbres ; charmants et rares paysages cernés par la haute barrière des monts calcinés. En approchant de l'Escorial, on rencontre des bandes de taureaux paissant dans la plaine ; ils sont destinés aux courses de Madrid. En traversant l'Escorial, Albéric est frappé de la grandeur sévère du monument ; il écrit sur son carnet : « temple de la gloire religieuse du xvie siècle espagnol ». Les moines, peu nombreux, sont obligeants, la bibliothèque magnifique, les reliques nombreuses, le chœur de l'église superbe, le crucifix de Cellini admirable, les tableaux dignes de la gloire de Philippe II.

Du 8 octobre au 5 novembre, le pèlerin demeure à Madrid. Il revoit Donoso Cortès (11 octobre) qui lui fait le portrait peu flatteur des politiques en vue : Martinez, Lopez, Cortinas, Olozaga, Arrazola, Martinez de la Rosa. Des

affaires publiques, il passe aux jeux du cirque ;
(12 octobre) il est horrifié de cette tuerie de
chevaux et de taureaux que la reine et l'infante
contemplent avec impassibilité. Avec un ami
espagnol, visites au Musée (12, 13, 14, 15, 18
octobre). Les Velazquez l'éblouissent, les Juan
de Juanes et les Murillo le touchent, les Rilera
l'étonnent.

Cette vie au dehors ne va pas sans lectures ;
les journaux lui apprennent que la Catalogne
est en feu ; il cherche dans l'histoire de la ré-
gence de la reine Christine l'opinion de Pacheco
sur la loi de succession au trône d'Espagne ;
il est surpris de l'effet que produisent sur lui,
à deux cents lieues de Paris, les pages de Chateaubriand sur Waterloo et Alger. le congrès
de Vérone et la Restauration. Le 15 octobre,
il assiste, au couvent carme de Saint-Joseph,
à la fête de sainte Thérèse. Un ancien jésuite y
prêche, avec une fougueuse éloquence. Les
événements contemporains sont évoqués en
contraste avec les grandeurs passées ; à la pé-
roraison, toute l'assistance à genoux s'unit
aux supplications ardentes que le prédicateur
adresse à la doctoresse de l'Espagne mystique.
C'est le peuple espagnol qui est là en minia-
ture : grandes dames et femmes du peuple, offi-
ciers et *tios* en manches de chemise ; tous graves, silencieux, les yeux cloués sur la chaire ou

l'autel ; tous chantant à pleine voix à la fin du sermon : *Santo Dios, Santo fuerte, Santo immortal, libra nos, Senor, de todo mal.* Albéric de Blanche est profondément impressionné. Du 16 octobre au 4 novembre, le carnet ne contient que cette désespérante mention répétée à chaque jour : « voir ailleurs ».

Par Aranjuez, Ocana, Quintanar de la Orden Mata del Cuervo, le voyageur se dirige vers Valence. En traversant la Manche, ses villages, ses auberges, ses moulins à vent, ses champs de safran, ses collines nues, il évoque l'immortelle figure de don Quichotte ; et son âme se remplit de la mélancolie du paysage désolé. A Albacete, (6 novembre), les indigènes lui offrent à acheter des couteaux et des poignards à faire peur. Une fois franchie la ville triste et sale, le pays change. A partir d'Almansa les yeux étonnés découvrent la végétation méridionale : oliviers, caroubiers, aloès, vignes et mûriers, à perte de vue ; et puis à mesure que l'on descend vers la mer, les orangers, les grenadiers et les palmiers s'étalent en pleine terre, à la stupéfaction du voyageur parisien.

Le costume léger des gens de la campagne l'étonne plus encore : ces caleçons de toile blanche, ces courts jupons, ces bas qui laissent découverts les pieds comme les genoux, ces alpargates légères, cette couverture rayée dans laquelle se drapent si pittoresquement les Valencians, ce chapeau, de feutre ou de paille, qui couvre leur tête; retiennent longuement le regard surpris d'Albéric. Les *posadas* ou auberges de Jativa ne lui semblent pas moins remarquables. Elles sont immenses avec des corridors sans fin, des chambres où neuf lits sont au large, des balcons d'où l'on contemple, au fond de la plaine, fertile et gaie comme un jardin de plaisance, un grand cirque de montagnes aux pointes abruptes et hardies.

Quand on a quitté Jativa, on ne tarde pas, après avoir gravi un dernier col, à rencontrer les eaux colorées et lourdes du Jucar. Dans les gros bourgs de la plaine, Alcira, Alberque, des azulejos incrustés sur la façade des maisons le long de la rue, représentent les scènes touchantes de la Passion du Christ. Les hommes sont d'un type nouveau : plus pâles, plus sveltes, plus faibles, ils n'ont plus rien de la solide carrure des castillans. La *huerta* s'offre de plus en plus riche. Partout des orangers. Valence apparaît. On y entre par la porte San-Vicente. Cet hommage est bien dû à ce glorieux fils de la cité, prédicateur prodigieux, réformateur et pacificateur de l'Église de son temps. En évoquant cette histoire lointaine du grand dominicain, Albéric de Blanche salue la statue, qui se dresse derrière l'immense porte.

Le voyageur loge à l'hôtel de l'Europe, près de la cathédrale. Le poisson est excellent, les fruits en abondance, les artichauts énormes, les raisins exquis, les garçons bien stylés. Le consulat de France est installé dans une jolie maison ; une image de la Vierge est peinte au-dessus de la porte ; le jardin est planté d'orangers. Le consul, un M. Fleuri, s'explique sur les conséquences économiques de la guerre civile. Avec le chanoine de la Lastra, Albéric fait un tour de ville. Ses yeux s'enchantent à monter vers l'azur sombre et opulent, à regarder les montagnes qui portent les ruines de la Sagonte, Murviedro, la chartreuse *Porta cœli*, et qui vont se perdre dans la mer — quel panorama féerique ! — tandis que du flanc des roches s'échappe le Guadalaviar dont les eaux canalisées fertilisent toute la *huerta* de Valence. Visite à la cathédrale Saint-Sauveur, à l'élégante église Sainte-Catherine, à la maison du comte Cervellon, où abdiqua Marie Christine, à l'admirable Lonja aux ogives fleuries, aux jardins de Cavanilles entourés de hauts nopals pressés, à la halle au blé bâtie au temps de la conquête. Malheureusement, ici encore, pour nombre de choses, Albéric note : « voir ailleurs ».

Le 19 novembre, le voyageur quitte Valence ; et, par le bord de la mer, remonte jusqu'à Tortosa, où la beauté de l'Ebre l'arrête ; jusqu'à

Reus, dont le site pittoresque l'émerveille ; jusqu'à Tarragone, dont il admire les souvenirs romains et la grande cathédrale ; jusqu'à Barcelone, enfin, où il arrive le 21 novembre. Dès le 22, il voit Balmès. Ils parlent ensemble des horreurs que Barcelone a connues pendant la guerre civile, de la politique espagnole, de la révolution de juillet, de Louis Philippe et de Guizot. Visiblement, Albéric s'est complu à la conversation franche et élevée de son hôte. Mais il renvoie pour le détail à un « ailleurs » qui nous demeure malheureusement inconnu. Il faut nous contenter de savoir que le pèlerin de l'histoire et de l'art espagnols a visité, avec Balmès, Santa Maria del Mar, Santa Eulalia, la cathédrale ; et que, dès le 24, il est parti pour Mataro, Gerona. Figueras, Perpignan. Ce tour d'Espagne avait duré trois mois

Connaissant la langue, familiarisé avec l'histoire ancienne et moderne du pays, voyageant à loisir de grande ville en grande ville, ne dédaignant pas les villages, causant avec ses compagnons de diligence ; muni d'adresses pour interroger, aux principaux centres intellectuels, les historiens, les prêtres, les laïques instruits ; regardant de tous ses yeux et écoutant de toutes ses oreilles, Albéric de Blanche a sûrement fait un voyage profitable. Son car-

net n'a pas la vivacité pittoresque du livre de
Théophile Gautier, la poésie sentimentale du
livre de Frédéric Ozanam. Il trahit le vif désir
de savoir et de comprendre, et aussi la sympathie profonde qu'éveille en lui la terre d'Espagne, parce qu'elle fut une terre d'héroïsme
et de foi.

Edouard Manec avait appris l'espagnol à
Albéric. Albéric reconnaissant, en des lettres
que nous n'avons plus, ne manquait pas de
soumettre à son ancien précepteur ses projets
et ses travaux. Des bords du Lot, Manec suivait
le voyageur dans son pèlerinage au pays du
Cid, de Charles Quint, de Ximenès, de saint
François de Borgia.

« Adieu, mon cher Albéric, je ne puis résister au plaisir de vous envoyer deux bonnes et
franches et bien gauloises poignées de main, à
travers les Pyrénées. Lisez, mon ami, dans
cette étreinte, car

à défaut du langage,
La main aide le cœur et lui rend témoignage.

Je voudrais bien que ces lignes vous trouvas-
sent à Séville. Allons ! un coup d'épaule, un
bon coup de fouet de postillon, et en route !
Notre papier Glady — c'était la marque du papier sur lequel écrivait Manec — serait bien fier

de vous servir de cigarette vers les ruines de l'Alhambra ».

En dépit de ces encouragements, qui peut-être le rejoignirent trop tard, Albéric ne descendit pas jusqu'à la superbe ville andalouse. De Tolède, nous l'avons vu remonter vers Madrid et poursuivre vers l'est, sur Valence, son tour de la Péninsule. Avec un plaisir bien vif, Manec lisait, dans des lettres écrites à Beurre, le récit que le voyageur faisait de sa *romeria*. Après quoi, il hasardait ces conseils très décidés, tout en laissant scrupuleusement, à son élève d'autrefois, le soin d'en tenir compte selon son gré.

« Prenez garde que la cité mystique ne tienne dans votre œuvre une place trop grande. C'est de la cité de pierre surtout que vous avez à nous parler. Sans doute, il faut animer la pierre par l'idée. Mais il y a un danger qu'il faut, s'il se peut, éviter. Le danger serait de porter votre regard trop haut, au-dessus des vices ; par conséquent de ne voir l'Espagne qu'à travers votre esprit un peu trop porté à idéaliser les choses. Oh ! oui, sans doute, Dieu est partout dans les œuvres humaines. La religion est beaucoup dans l'œuvre espagnole ; mais, *selon moi*, elle n'est pas tout. L'Espagne n'est pas une nation de saints. Je doute même qu'elle soit la terre du mysticisme. Ardente, orgueilleusement sensuelle, sombre et croyante, croyante par l'usage et le temps. Il y a du sang, il y a du soleil africains dans les veines de l'Espagne.

« Cherchez un peu, en voyant ce que le passé l'a faite, ce que le présent lui promet d'avenir. Oui, oui, étudiez la vieille Espagne qui s'agite ; mais voyez aussi l'Espagne moderne. C'est là ce qui nous intéresse, nous surtout Français, que tant de liens attachent à l'Espagne.

« Adieu, vous ne vous préoccuperez qu'autant qu'il le faut de ces opinions, que je jette au hasard, et qui n'ont de mérite que le sentiment qui les dicte. Vous continuerez avec courage, vous recueillerez des matériaux précieux. Plus tard vous bâtirez votre nid, le nid de l'alcyon que respectent les flots et qui sourit aux tempêtes.

Encore une fois à Dieu.

Votre ami,

Manec Edouard. »

En lisant les correspondances non signées [1] qu'Albéric envoya à l'*Univers*, de Bayonne, de Madrid, de Tolède, de Madrid encore, et de Barcelone, Manec put se rendre compte que le pèlerin de la « cité mystique » avait regardé

[1] *Univers*, 15, 26 août ; 23, 27 septembre ; 12, 17 octobre ; 3, 4, 18 novembre ; 2, 9 décembre 1843.

de fort près les problèmes politiques les plus
graves de l'Espagne de 1843. Il n'est aucun de
ces articles qui ne s'enferme dans les intérêts
de la « cité terrestre ». Ils forment comme une
série d'esquisses, d'où l'auteur tirera les éléments essentiels des quatre études qu'il publiera dans le *Correspondant* : *Du système représentatif et des élections en Espagne* (25 octobre
1844) ; *de la réforme constitutionnelle en Espagne* (10 décembre 1844) ; *Zumalacarregui*
(10 août 1846) ; *de l'hérédité royale en Espagne*
(25 février 1847)

En ces matières purement politiques, Albéric de Blanche procède à une analyse impar-
tiale et calme. La sympathie sincère qu'il
éprouve pour une nation, dont les Bourbons
furent rois et dans laquelle l'antique foi d'Isabelle a des racines si profondes, le met dans
le meilleur état d'esprit pour juger une légis-
lation et un état social qui sont si différents de
la France de Louis-Phillipe. Au milieu du
conflit carliste dont les violences sont d'hier,
il parle de Zumalacarregui avec l'enthousiasme que mérite un grand héros, et la mo-
dération d'un homme qui mesure les domma-
ges de la guerre civile. Quant au problème de
l'autorité royale, l'écrivain le résout histori-
quement, en affirmant que l'accession des
femmes au trône est véritablement la loi na-

tionale'de l'Espagne ; que le système contraire, marqué au traité d'Utrecht, a péri dans un mouvement national ; et qu'il n'est pas démontré que l'Espagne ait souffert de sa loi première.

« Outre la grandeur morale que cette royauté de la faiblesse fait supposer chez un peuple, l'autorité d'une reine, que j'appellerai surtout autorité de prestige, est sans inconvénient ; elle peut même présenter des avantages, sur un trône entouré d'institutions fortes, indépendantes, et se soutenant par elles-mêmes comme en Angleterre. Une aristocratie puissante s'accommode à merveille d'une royauté faible. Mais, dans un état démocratique comme la France et l'Espagne, il semble difficile que l'autorité d'une femme garde seule assez d'empire. C'est sans doute pour cela que les femmes investies de l'autorité en vertu des vieilles lois espagnoles, se sont si souvent empressées de la déférer à un homme, leur époux ou leur fils. Les vertus publiques, dans la masse du peuple, pourraient suppléer à ce qui manque du côté des institutions. Mais hélas ! dans quel temps les femmes font-elles en Espagne une nouvelle expérience de la royauté ! »

Malgré ces difficultés, issues en grande partie des souffles révolutionnaires qui courent par le monde du xixe siècle, Albéric de Blanche n'en reste pas moins fidèle aux préférences indiquées dans l'alinéa précédent. Et il trouve, dans un parallèle entre la France et l'Espagne, un argument final pour confirmer son opinion :

« Si l'on fait un parallèle entre la France et l'Espagne, on observe que le premier de ces pays se trouve, par sa position géographique, au confluent de tous les courants de civilisation : entouré de rivaux ou d'ennemis, il est sans cesse excité, sur chaque point de ses frontières, par une action du dehors qui le porte à concentrer ses forces et l'alimente en même temps des influences utiles de l'étranger. Il n'en est pas ainsi de l'Espagne : défendue de tous côtés par les mers et les montagnes, divisée dans son propre sein par de grands accidents de la nature ou la diversité de ses peuples ; elle a eu d'abord besoin de la succession féminine pour rassembler ses royaumes épars ; elle continue d'en avoir besoin, pour contracter des alliances fécondes avec l'étranger. Ecartée dans un coin du monde civilisé, l'Espagne est jusqu'à un certain point semblable aux terres tropicales, qui dévorent incessamment de nouvelles alluvions de colonisation. Avec un prince vient une race, avec une race un instinct nouveau, une pensée, une passion, et ceci, bien dirigé, crée des prodiges. »

Au mois de septembre 1846, Albéric franchit encore les Pyrénées pour revoir la Catalogne. Dans son voyage de 1843, il s'était contenté de suivre la route de Valence à Barcelone, sans pénétrer dans la région des hautes montagnes. Il fit, en 1846, le pèlerinage de ce recoin muré par la nature, véritable « océan de montagnes où chaque vallée semble un sillon profond creusé par les vagues ». Les derniers chefs de la guerre civile venaient de mourir. L'insurrection carliste de Catalogne était moins connue que celle des Provinces basques. Il parut à Albéric de Blanche qu'une esquisse de ses luttes de la veille intéresserait les lecteurs de l'*Univers*. Après avoir visité le théâtre de ces guerrillas, il écrivit, en feuilleton, dans le journal, neuf articles [1].

Différent des *Souvenirs* que le prince Lichnowsky venait d'écrire, le récit d'Albéric est aussi intéressant et plus compréhensif.

O'Connel venait de mourir, chef adoré d'une insurrection qui avait fait trembler l'Angleterre, sans l'incliner à faire justice. Dans les combats de Catalogne, il s'agissait d'une autre cause et d'autres hommes. Un par un, ils apparaissent dans les récits de l'*Univers*, tous ces *cabecillas* des troupes carlistes, Tristany, Ros

---

[1] *Univers*, 1, 2, 3, 12, 16, 18, 20, 23, 24 juin 1847.

de Eroles, et surtout le comte d'Espagne. fan-
tasque. cruel. despotique. La dure main de ce
grand seigneur donna aux partisans de Carlos
la cohésion militaire qui leur manquait, mais
il finit par lasser ses soldats et la junte. On
exigea sa démission, on le traqua comme un
fauve ; il succomba, tragiquement assassiné, à
Orgagna, sur le pont de l'Espia. Six mois après,
les carlistes traitaient avec les cristinos.

Quand il voulut voir, aux environs d'Orgagna, la tombe du comte d'Espagne, le journaliste français se heurta d'abord à l'indifférence
des passants qui ne savaient rien ; finalement
un jeune pâtre le conduisit à un endroit que
rien ne marquait, et lui dit : c'est là. Des cada-
vres enfouis en des trous oubliés de tous, des
torrents de sang versé, un prince en exil, une
reine sur son trône chancelant ; tel était le
spectacle qu'offrait aux yeux méditatifs d'Albéric de Blanche, les guerrillas de Catalogne.
Et sans doute alors sa pensée s'en allait vers
la politique habile de Balmès, qui aurait voulu, par un mariage entre les deux branches des
Bourbons d'Espagne, fermer l'ère des guerres
civiles et entraîner son pays aux travaux féconds de la paix.

CHAPITRE VI

—

LE BIOGRAPHE DE BALMÈS
LE CORRESPONDANT DE DONOSO CORTÈS
(1848-1850)

La biographie de Balmès, témoignages que le livre provoque, correspondance avec le libraire Vabon, préface à l'Art d'arriver au vrai, préface à une nouvelle édition du Protestantisme comparé au catholicisme, ce qu'en dit Louis Veuillot, Manec traduit la Philosophie fondamentale.

La carrière politique de Donoso Cortès, sa venue à Paris, son ambassade à Berlin, son discours du 4 janvier 1849 sur la Révolution, Albéric de Blanche le traduit, il écrit à Donoso Cortès, Donoso Cortès dans sa réponse raconte sa conversion, s'explique sur Balmès, sur l'Europe de 1850, objections et questions d'Albéric de Blanche.

L'Essai de Donoso Cortès, polémiques qu'il soulève, mort de l'auteur, lettre d'Albéric à un ami.

Au milieu de la course, l'astre qui éclairait l'Espagne s'éteignit. A mesure qu'il avait multiplié ses écrits, Balmès s'était imposé de plus en plus dans son pays. Ses livres, ses articles de revue étaient lus avidement d'un bout à l'autre de la Péninsule. Son autorité grandissante dominait les hommes d'Etat. Quand, en 1844, il avait fondé à Madrid une revue hebdomadaire, intitulée *El pensamiento de la nacion*, en peu de temps il était devenu l'oracle de cet immense parti monarchique et religieux qui était à vrai dire l'Espagne presque entière. Si les hommes de cour et les dirigeants des partis l'eussent écouté, au lieu d'écouter les conseils du gouvernement français, il aurait réconcilié par le mariage de la jeune reine Isabelle avec le fils aîné de don Carlos, les deux branches de la famille royale qui se disputaient le trône. L'échec de ce dessein sauveur brisa la plume politique du docteur catalan. Il ne la reprit que pour venger, dans une brochure, le pape Pie IX des outrages et des défiances que lui valaient les premiers actes de son pontificat. Cet écrit courageux fut le dernier. Accablé sous les coups de ses meilleurs amis, épuisé de fatigue, Balmès expira à 38 ans. C'est en victime, aux pieds d'un Pontife méconnu, qu'il rendit à Dieu son âme pure et forte (9 juillet 1848).

L'*Univers*, dès le 7 juillet, avait annoncé la maladie de Balmès, en termes émus. Le 21, il dit avec tristesse que l'Europe venait de perdre « une de ses gloires les plus vraies et les plus pures. » Le 26, il raconta les funérailles émouvantes que Vich avait faites à son fils le plus illustre. Moins fastueuses que celles de Châteaubriand à Saint-Malo, elles eurent la profondeur d'un deuil de famille. De Villeneuve-sur-Lot (25 juillet), Albéric de Blanche écrivit à l'*Univers* (30 juillet) :

« Votre numéro du 21 m'annonce la mort du docteur Balmès. Personne en France ne compatira plus que moi à la profonde douleur que cet événement a dû causer dans l'Espagne entière. Honoré de son amitié, initié pendant un long travail fait en commun à ses secrètes pensées, je connaissais toute la beauté de son cœur... Le rôle que le docteur Balmès a joué, dans son pays et dans les affaires de la chrétienté, est assez important pour mériter une relation étendue. »

Albéric de Blanche avait fait connaître en France le beau livre du *Protestantisme comparé au catholicisme*. Il avait reçu commission de l'auteur de mettre en français toutes ses œuvres philosophiques. A Paris, à plusieurs reprises, et une fois à Barcelone, il avait eu avec l'illustre écrivain les plus confiants entretiens. Entre ces deux âmes, si voisines par leur noblesse, il y avait une affinité secrète. Le Français admirait l'Espagnol de génie. L'Espagnol honorait d'une affectueuse estime le Français associé à ses travaux. Et puis, Albéric de Blanche aimait ardemment cette Espagne catholique, dont Balmès avait voulu assurer à ses compatriotes le patrimoine traditionnel. A tous ces titres, il devait être le biographe de Balmès. Dès le lendemain de sa mort, le docteur catalan trouva. pour raconter sa vie, Quadrado, Garcia de Santos, le chanoine Soler, Pedro de la Hoz qui tous avaient été ses amis. Albéric de Blanche devait prendre rang dans ce cortège de l'amitié fidèle.

« Les distances de l'âge, du talent, de la patrie ne m'ont point privé, écrivait il, d'entrer dans ce cercle où les vertus de Balmès étaient admirées à l'égal de son génie. Pour expliquer ses écrits et son caractère, ses compatriotes ont eu besoin d'évoquer plus d'un souvenir intime. J'imiterai cet exemple. J'ajouterai quelques fleurs, apportées de loin, à la couronne qu'ils ont tressée pour son cercueil ».

Le livre promis par ces lignes parut à la fin de 1849. *Jacques Balmès, sa vie et ses ouvrages*, était l'hommage d'un admirateur sincère. Les catholiques de France apprirent par là à aimer l'homme dont ils goûtaient les écrits. Le jeune historien présente à ses lecteurs une analyse très détaillée des *ouvrages*. après avoir raconté d'abord la *vie*. Cette partition a l'inconvénient d'obliger à des redites ; car comment narrer la *vie* d'un écrivain. sans parler de ses *ouvrages* ? Avec plus d'expérience dans son métier, le biographe aurait tourné plus habilement la difficulté ; mais ce défaut de composition entame peu le mérite du livre. Par les hautes qualités de son âme, Albéric était fait pour comprendre Balmès. La beauté de cette existence, uniquement remplie par l'amour de la religion et de la patrie, ravissait ses regards. Il retrouvait son propre idéal dans cette vie si courte, si pleine, et si noble. On devine quelle sincérité et quelle ardeur ces sentiments isochrones ont donné au récit d'Albéric de Blanche. Louis Veuillot a dit avec justesse :

Dans cette biographie, « il y a mieux que les promesses d'un très remarquable talent. Les livres de l'illustre prêtre espagnol y sont analysés avec une vigueur de pensée et d'expression qui dénotent les plus beaux dons de l'esprit. L'auteur d'un pareil ouvrage n'avait que peu de chose à faire pour devenir un grand écrivain. Il aurait acquis une simplicité forte et magnifique, heureux mélange de la sobriété française et de la pompe espagnole qu'il aimait tant ».

Dans les papiers d'Albéric figurent quelques-unes des lettres qu'il reçut à l'occasion de son *Balmès*.

Mgr Donnet, archevêque de Bordeaux, remercie d'autant plus qu'il « a été à même, dit-il, d'apprécier tout ce qu'il y avait de savoir consciencieux et profond en celui dont la mort a été pour l'Espagne une vraie calamité. »

Auguste Nicolas écrit :

« Je vous lis avec un grand plaisir. Vous répondez par cette intéressante publication à un sentiment bien profond que j'avais depuis longtemps. celui de voir le mérite et la gloire de ce grand écrivain plus apprécié en France... J'ai toujours souffert, pour mon pays, de son indifférence, de son ignorance à l'égard d'un esprit aussi éminent. Je vous avouerai même que le succès comparatif de mes *Eludes* en était singulièrement diminué dans mon appréciation... J'ai remis à Mme Swetchine l'exemplaire dont vous m'avez chargé pour elle. Elle y a été bien sensible et a l'intention de vous écrire. Je n'ai pas eu encore l'occasion de faire parvenir l'autre exemplaire à M. de Falloux. »

Laurentie répond, en journaliste, à l'envoi qu'Albéric de Blanche lui fait de son livre :

« Je suis un admirateur de Balmès. Mais comment faire place à vos bonnes pages sur cet écrivain, enlevé trop tôt à la sainte cause de la liberté catholique et de l'autorité ecclésiastique ? Je l'essayerai pourtant, comptez-y, Monsieur. »

Mgr Parisis envoie des compliments :

« Je vous suis profondément reconnaissant de l'ouvrage et de la lettre que vous avez bien voulu m'envoyer. J'ai déjà lu en partie et je continuerai à lire *Jacques Balmès*. Vous me faites trop d'honneur en m'attribuant, même pour la plus faible part, l'intelligence que vous avez du caractère et des écrits de l'illustre Espagnol. Rendez-en gloire à Dieu qui seul vous a départi ce don. Quoiqu'il en soit, je serai heureux de pouvoir contribuer à répandre un ouvrage, très bon en lui-même, et qui puise dans les circonstances actuelles un surcroît d'intérêt et de valeur. »

De 1849 à 1852, il y a une correspondance active entre le libraire Auguste Vaton et Albéric de Blanche. Vaton, établi rue du Bac, 46, a mis son nom, avec celui du libraire Sagnier, sur la couverture de *Jacques Balmès*. En homme d'affaires averti, il flaire une bonne piste. Et le voilà qui parle d'éditer une traduction de la *Philosophie fondamentale*. Albéric de Blanche travaillait depuis longtemps à cette traduction. Il préféra que l'éditeur publiât d'abord le *Criterio*. Vaton, ayant pris l'avis d'Auguste Nicolas, accepta le projet. Edouard Manec fit la traduction. Et en 1850, le petit chef-d'œuvre de Balmès parut sous le titre qu'Albéric de Blanche avait suggéré : *L'art d'arriver au vrai*.

Edouard Manec était toujours précepteur. Mais il avait échangé Beurre pour le château de Combreux. A la suite de circonstances ignorées de nous, Mgr Dupanloup et les Larochefoucauld d'Estissac l'avaient pris en confiance. C'est à son élève, Arthur de Larochefoucauld, que Manec dédia sa traduction du *Criterio* de Balmès :

« Ce livre a été traduit à côté de vous et pour vous ; vous avez été la pensée déterminante de ce travail... Puissé-je vous laisser comme résultat pratique de nos dernières études, de toutes nos études, avec le désir d'arriver au vrai dans les choses de l'intelligence par le développement de vos facultés, la volonté ferme de réaliser en vous la vérité morale par la pratique du bien ».

Dans une préface, Albéric de Blanche rappelait les circonstances tragiques dans lesquelles *Le Criterio* avait été composé, tandis que les armées de la reine Christine reprenaient Barcelone sur les troupes insurgées.

« Dans l'art d'arriver au vrai, ajoutait-il, Balmès nous fait entendre le grave et sage génie, qui modère le cœur ardent de l'Espagne. En maint endroit, lorsqu'il scrute les mystères de l'âme humaine, le moraliste espagnol, par la justesse et la pénétration de son regard, rivalise avec la Bruyère. Mais dédaigneux des frivolités de l'esprit, il néglige tout détail qui n'intéresserait que la curiosité ; constamment pressé d'un zèle sacré, il se hâte, il court, vers les conséquences ».

Puis, venant à la part de Manec dans ce livre, Albéric disait :

« Notre sentiment est que le traducteur perfectionne l'œuvre sortie de la plume de Balmès. Grâce à son labeur patient et habile, tel chapitre est devenu plus concis, telle image plus vive, telle vérité plus puissante. Diverses traces d'une composition trop hâtée se sont aussi effacées ».

Albéric de Blanche, en terminant, exprimait l'espoir que le suffrage du public accompagnerait le traducteur et l'éditeur. Ce vœu ne fut pas déçu. Le 2 novembre 1850, c'est-à-dire six mois après l'apparition du livre, Vaton écrivait :

« Je suis heureux, Monsieur, que vous m'ayez mis en relation avec M. Manec ; car c'est précisément l'homme qui connaît le mieux Balmès ; sa traduction de l'*Art d'arriver au vrai* a été bien accueillie, et le livre se vend parfaitement ».

Un livre qui se vend est toujours un bon livre. Vaton espère que, Balmès devenant à la mode, ses écrits feront prime sur le marché de la librairie. Il fait donc à Albéric de Blanche des propositions nouvelles, qui précisent des conversations commencées à Paris en mai 1850, tandis que le jeune écrivain rédigeait la préface que nous avons citée. *Le protestantisme comparé au catholicisme* avait paru chez Debecourt, 64, rue des Saints-Pères. Vaton achète les peu nombreux exemplaires qui restent et écrit à Albéric de Blanche :

« Il devient nécessaire de mettre sous presse au plus tôt cet ouvrage. Je me rappelle que vous m'aviez dit que vous en retrancheriez quelques parties. Je viens vous prier, Monsieur, de vouloir bien vous occuper de cette révision, si votre santé le permet, et tout aussitôt je mettrai le livre à l'impression ».

Albéric de Blanche était alors à Bayonne chez sa sœur Mme de Marignan. Il restera là plus de huit mois. Dans ce coin tranquille, aux bords de l'Adour, les lettres pressantes de Vaton viennent le rejoindre, dès qu'il a dit oui à une réimpression du *Protestantisme*. Il est convenu qu'on prendra pour base la deuxième édition en quatre volumes, revue par Balmès et publiée à Madrid, et qu'Albéric mettra en tête de l'ouvrage une introduction. Auguste Nicolas, mis au courant du projet, envoie de vifs encouragements (22 décembre) :

« Une publication dans le format Charpentier va répandre l'ouvrage, je l'espère, et le faire enfin connaître et admirer dans notre pays. Nous y aurez grandement contribué par votre excellente traduction, que vous nous en avez donnée avec un désintéressement et une modestie si rares de nos jours. Tous les amis de la vérité et de la haute philosophie vous en auront une durable reconnaissance et associeront votre nom à celui de Balmès, comme son heureux confident et son digne interprète ».

Afin de traiter au mieux l'inévitable question financière, Albéric eut recours à l'obligeance d'Auguste Nicolas. L'excellent homme ne tarda pas à lui mander.

« Je me suis acquitté de la mission dont vous m'avez chargé auprès de M. Vaton, pour le règlement de la part qu'il devait vous faire dans la réédition du *Catholicisme*. Il a dû vous répondre lui-même à ce sujet. J'ai trouvé en lui un véritable regret de ne pouvoir acquitter d'une manière plus convenable la dette que nous vous devons tous ».

Auguste Vaton, dans une lettre à l'auteur, ne manqua pas de préciser ses offres modestes (3 décembre 1850) :

« Je vous remettrai dès la fin de l'impression la somme de six cents francs, plus dix exemplaires de l'ouvrage. J'aime à espérer que vous trouverez, Monsieur, ma proposition acceptable, surtout lorsque vous réfléchirez à tous les sacrifices que je vais faire pour la réimpression de l'excellent ouvrage... qui ne coûtera aux ecclésiastiques que 7 fr. 50

au lieu de 15 fr. Je désire avant tout répandre les œuvres de Balmès et j'espère parvenir à le faire connaître dans ses moindres travaux ».

Didot, qui s'était chargé d'imprimer l'ouvrage, fit diligence. A la mi-juin, les trois volumes étaient composés Dès le 20 mai, Vaton ravi écrit à l'auteur :

« Je vous remercie infiniment du zèle et de la promptitude que vous mettez à corriger et à me renvoyer les épreuves. De cette manière l'ouvrage pourra être fini vers le milieu du mois prochain, ce dont je suis fort content. Je pourrai alors remplir les demandes qui me sont faites de tous les points de la France.

« Je vous serai très obligé, Monsieur, de vouloir bien conserver et me donner, à votre retour à Paris, l'exemplaire, corrigé de votre main, du *Protestantisme*. Je désirerais le conserver, pour constater les corrections sans nombre que vous avez faites à cette nouvelle édition. J'aime à croire que vous n'avez point détruit ces feuilles qui pourraient me devenir très utiles en cas de contrefaçon ».

Dans la même lettre, le libraire demandait à l'auteur d'envoyer au plus tôt la préface promise.

En lui écrivant, le 23 décembre 1850, Auguste Nicolas pressait Albéric de Blanche de revenir à Paris.

« J'espère que vous nous reviendrez bientôt. Je serai heureux de reprendre avec vous ces conversations élevées, auxquelles vous m'avez habitué, et d'essayer de me faire pardonner une négligence à vous écrire, dont la cause est dans le courant de mes occupations, et qui est en désaccord avec les sentiments de haute et dévouée considération dont je vous prie d'agréer la bien cordiale assurance. »

Le voyage de Paris se fit. Dès le début de 1851 les lettres du libraire Vaton cessent, pour ne reprendre que plus tard. C'est à Paris qu'Albéric de Blanche écrivit, pour la deuxième édition du *Protestantisme comparé au catholicisme*, la préface promise au libraire. Laissons parler Louis Veuillot.

« Déjà Balmès était mort et Albéric sentait qu'il le rejoindrait bientôt. Il put à peine écrire une introduction de huit à dix pages dans laquelle il voulait payer un dernier tribut à la mémoire de son maître et de son ami. Cette introduction, d'un style excellent, est datée de Paris... Albéric y nomme Donoso Cortès et salue cette grande éloquence qui se levait sur l'Espagne et sur le monde. »

Nous aurons l'occasion d'expliquer la véritable pensée d'Albéric de Blanche sur Donoso Cortès. Dans cette introduction, louée par

Veuillot, nous voudrions relever cette seule observation :

« Balmès ne perd jamais de vue la dignité supérieure qui forme un des caractères essentiels de l'Institution divine. Cette notion excellente de la supériorité de l'Eglise constitue, à proprement parler, dans l'histoire et dans la politique, le sens catholique. C'est là ce qui met à part un petit nombre de grands esprits et les érige en chefs de la doctrine. Bossuet emprunte à ce sentiment son habituelle sublimité. M. de Maistre, dans tout le cours de ses écrits, doit à la même doctrine ses inspirations. Peut-être ne remarque-t-on point chez Balmès les transports éloquents, les émotions vibrantes, qui ont rendu illustres les écrits de ces maîtres. Mais on admirera chez lui, au plus haut degré, l'élévation de la pensée, la sérénité du regard, et cette justesse irréprochable qui est une grande part du génie ».

Nous savons par Albéric de Blanche lui-même que, à son second voyage en France, durant l'été de 1845, Balmès voulait emmener son ami en Espagne, pour lui faire traduire, sous ses yeux, la *Philosophie fondamentale* encore en manuscrit. Des circonstances contraires, sur lesquelles nous ne savons rien, renversèrent ce plan, au grand désespoir du traducteur. Il y eut alors un projet de confier le travail aux bénédictins de Solesmes. Après la mort de Balmès, la première idée fut reprise. Albéric de Blanche promit la traduction demandée, en s'assurant le concours d'Édouard Manec et d'un autre travailleur qu'il ne nomme point. Encouragé par Auguste Nicolas, le libraire Vaton s'engagea à publier l'ouvrage.

Dès l'été de 1849, il pousse Albéric de Blanche à faire vite. « Cette publication bien connue, écrit-il, tracera un beau chemin aux autres ouvrages que nous voulons faire connaître à notre belle France. » Vers la fin de 1850, le travail est fort avancé.

« M. Manec a dû vous écrire, annonce Vaton, que la *Philosophie fondamentale* était presque terminée. Dès le mois de mars nous allons mettre sous presse. De toute part on me le demande et j'ai bien lieu de penser que ce sera une bien utile publication. »

L'impression commence en effet en mars. Et comme Manec quitte le château de Combreux, où il était précepteur d'un Larochefoucauld d'Estissac, pour aller passer quelques jours dans sa famille à Clairac, en Agenais, on lui fera tenir là les épreuves.

Le 3 mai, Vaton écrit :

« J'attends de jour en jour M. Manec, qui doit revenir à Paris, et alors l'impression de la *Philosophie* continuera ; car je n'ai toujours que

5 feuilles d'imprimées et on me fait chaque jour des demandes. Il me semble que vous devriez venir passer quelques instants auprès de nous et que votre séjour se trouvait fixé au mois de mai. S'il en était ainsi, vous assisteriez à la mise en vente du *Protestantisme* et y donneriez vos derniers soins. »

Le 12 juin :

« M. Manec se trouvant indisposé, nous ne marchons pas bien vite. Je partirai samedi pour Orléans et j'aurai le plaisir de causer avec M. Manec. Afin d'éviter des longueurs et des fatigues à M. Manec, je me suis entendu avec M. du Lac pour presser les secondes épreuves. Je pense avoir bien rencontré. Je suis chargé par M. du Lac de vous dire mille choses aimables. »

Grâce à l'obligeance de Melchior du Lac, et malgré le départ définitif de Manec pour son pays d'origine, le livre s'acheva et parut. Nous en reparlerons. Avant de clore ce chapitre, il faut raconter comment Albéric se lia avec un Espagnol illustre, rival de gloire de Balmès.

*
* *

Juan Donoso Cortès était né en Estramadure, le 9 mai 1809. Quand il arriva à Paris en 1840, il n'avait guère de notoriété, même en son pays. Il y avait écrit sur la politique divers articles ou brochures, fondé un journal, l'*Avenir*, une revue, la *Revue de Madrid*. Mais toutes ces initiatives ne lui avaient pas conquis l'autorité, qui, dès ses premiers écrits, fut le partage de Balmès. A Paris il fit partie de ce groupe de réfugiés espagnols qui formaient à la reine exilée d'Espagne, Marie-Christine, une sorte de cour. Inquiet des destinées de sa patrie dominée par la Révolution, il ne l'était pas moins de sa propre santé. Il avait perdu, depuis 1835, une fille très aimée, et aussi sa femme, Teresa Carasco. Tous ces malheurs publics et privés persuadèrent au jeune écrivain qu'il trouverait, dans la capitale de la France, le secret d'une espérance qui lui donnerait la force de vivre.

« Le séjour de la capitale, écrit Louis Veuillot, lui fut agréable et avantageux. Dans ce pêle-mêle de tous les esprits et de toutes les doctrines, il vit aussi des chrétiens ».

Et la vue de ces chrétiens qui vivaient leur foi ouvrira son âme aux lumières de la grâce. La mort d'un frère bien-aimé achèvera la conversion, qui aura lieu en 1847.

Les relations de Donoso Cortès avec Albéric dataient de l'arrivée de celui-ci à Paris. Elle se resserrèrent dans les entretiens de Madrid en 1843. Engagé dans la politique, Donoso fit aux Cortès des harangues, que la reine Marie-Christine considéra comme des services exceptionnels. On sait le retentissement qu'eut dans toute l'Europe le discours du 4 janvier 1849. Converti depuis deux ans, le député espagnol illuminait des clartés de sa foi les théories sur le gouvernement des peuples. Jamais aucune tribune parlementaire n'avait retenti de tels accents. Albéric de Blanche traduisit et commenta dans l'*Univers* ces pages grandioses de philosophie politique [1].

Un peu plus tard, tandis qu'il était ambassadeur à Berlin, Donoso Cortès écrivit à Montalembert deux lettres sur le même sujet. L'*Univers* les publia encore [2]. C'est à la suite de ces paroles, belles de la beauté même du christianisme, qu'Albéric écrivit à l'illustre homme d'État espagnol deux lettres qui ont été recueillies, à côté de celles de Montalembert, dans les *OEuvres complètes* du marquis de Valdegamas. Il faudrait tout citer ; j'abrège.

« Lorsque l'hiver passé je traduisis votre discours du 4 janvier, je ne prévoyais pas le beau commentaire que vous deviez en faire, dans vos dernières lettres au comte de Montalembert. Ces lettres mettent le sceau à votre réputation

[1] 14, 25 janvier, 25 février 1849.

[2] Ces deux lettres sont du 26 mai et du 4 juin 1849 : Albéric les publia dans l'*Univers* du 22 juin.

et vous placent dès maintenant entre les plus illustres défenseurs du catholicisme, dans l'ordre philosophique et moral.

« Quelques-uns de vos anciens écrits faisaient déjà prévoir la phase qui s'achève, dans l'évolution de votre esprit... J'ai conservé deux morceaux où vous décrivez la physionomie morale de Lamartine et de Guizot. Vous vous rappellerez sans doute ces essais. En eux déjà on découvre que vous avez prévu, avec la plus claire intuition, les désastres où le scepticisme et l'apostasie allaient entraîner le monde. Bien des fois j'ai voulu publier ces deux portraits... Si vous vous proposiez de réunir quelques-uns de vos écrits d'autrefois, j'attendrais jusque-là, pour publier en France les deux admirables morceaux dont je parle ».

Après une rapide allusion à Balmès et à la vie qu'il vient d'en écrire, Albéric de Blanche continue en exprimant l'espoir de revoir Donoso Cortès, soit en Espagne, soit à Paris.

« Je me propose, conclut-il, à votre retour de Berlin, de rendre un hommage public aux vérités dont vous êtes l'interprète si éloquent et je tiendrais à grand honneur de vous avoir servi. Grâce à vos leçons, j'aurai acquis des forces et des lumières qui me rendent plus utile et plus attaché à la bonne cause. Car, je dois vous le dire, je suis de ceux qui, en dépit de vos présages (un peu sinistres et peut-être à l'excès), se complaisent à espérer qu'un avenir est réservé aux hommes de croyance pure et de bonne volonté ».

De Berlin, où il reçut cette lettre écrite à Villeneuve-sur-Lot, Donoso Cortès répondit, avec le cordial abandon et cette splendeur de pensée qui faisaient le charme de son commerce. Nous l'avons dit, quand il vint à Paris Donoso Cortès avait abandonné les pratiques religieuses. Sa noble lettre raconte comment s'opéra son retour à Dieu.

« Vous avez une part que vous ignorez dans la conversion que Dieu a opérée en moi par sa grâce ; tant sont profondes et inconnues ses voix mystérieuses ! Je fus toujours croyant, dans ce qu'il y a de plus intime au fond de mon âme, mais ma foi était stérile. Car elle n'inspirait pas mes discours et ne guidait pas mes actions. Je crois cependant que si, dans le moment de mon abandon et de mon plus grand oubli de Dieu, on m'avait dit : tu vas faire abjuration du catholicisme ou bien souffrir de grandes tortures ; je me serais risqué aux tortures plutôt que d'abandonner le catholicisme. Entre cette disposition de mon âme et ma conduite, il y avait sans aucun doute une contradiction monstrueuse. Mais que sommes-nous, presque toujours, sinon un amalgame de contradictions ?

« Deux choses m'ont sauvé : le sentiment exquis de la beauté morale et une tendresse de cœur qui arrive presque au point de devenir une faiblesse. La première de ces deux choses devait me faire admirer le catholicisme, la seconde devait, avec le temps, me le faire aimer.

« Quand je fus à Paris. je vis intimement Masarnau et cet homme me subjugua par le seul spectacle de la vie qu'il menait sous mes yeux. J'avais connu jusque-là des hommes d'honneur et bons, ou pour mieux dire, je n'en connaissais pas d'autres ; et cependant, entre l'honneur et la bonté des uns, l'honneur et la bonté des autres, je trouvais une distance incommensurable. Cette différence ne consistait pas en deux différents degrés d'honneur, elle tenait à ce qu'il existe deux espèces d'honneur. En réfléchissant sur cette question, je découvris que la différence venait de ce qu'un homme était naturel et l'autre surnaturel et chrétien.

« Masarnau me fit faire votre connaissance ainsi que celle de quelques autres personnes unies par le lien des mêmes croyances. Mes convictions prirent racine, dès lors, dans mon âme et devinrent peu à peu invincibles par leur profondeur.

« Dieu me tenait préparé pour plus tard un

autre moyen de conversion plus efficace et plus
puissant. J'avais un frère que je vis vivre et
mourir. Il vécut d'une vie d'ange et mourut
comme les anges mourraient s'ils mouraient.
Depuis lors, j'espérai d'aimer et d'adorer et
j'aime et j'adore. J'allais dire ce que je ne peux
pas dire, oui j'allais dire : avec une tendresse
infinie. j'adore le Dieu de mon frère.

« Il y a déjà deux ans de cet affreux malheur.
Je sais, autant que les hommes peuvent le savoir, qu'il est dans le ciel, qu'il jouit de Dieu,
qu'il le prie pour le malheureux frère qu'il
laissa sur la terre. Et cependant mes larmes
n'ont point de fin, ni n'en auront jamais, si
Dieu ne vient à mon aide.

« Je sais qu'il n'est pas permis d'aimer autant
une créature. Je sais que les chrétiens ne doivent point pleurer ceux qui meurent chré-
tiennement, puisque les chrétiens sont transfi-
gurés et ne meurent pas. Je sais encore que saint
Augustin eut des scrupules pour avoir pleuré
sa mère. Et cependant je pleure et je pleurerai
tous les jours, si Dieu ne me donne la force
dans son infinie miséricorde.

« Voilà, mon ami, l'histoire intime et réelle
de ma conversion. J'ai voulu vous la raconter, non seulement pour me soulager, mais
parce que vous y avez eu une part, sans le savoir, comme vous le voyez. Ce n'est ni la rai-

son ni le talent qui m'ont influencé. Mon faible talent et ma raison débile ne m'amenaient qu'à la mort, au lieu de m'amener à la véritable foi. Le mystère de ma conversion (car toute conversion est mystérieuse) est un mystère de tendresse. Je n'aimais pas Dieu et Dieu a voulu que je l'aime, je suis converti ».

La lettre de Donoso Cortès est très longue et nous aurons occasion d'en examiner la suite. Le passage cité, outre qu'il nous donne de la conversion de Donoso Cortès le récit le plus authentique qui se puisse, contient aussi l'aveu répété que les exemples d'Albéric de Blanche avaient touché le cœur du noble espagnol[1].
Il disait au sujet de Balmès :

« Le service que vous avez rendu à la cause catholique, en faisant connaître Balmès, est très grand. Je vous en sais gré, d'abord comme catholique, et puis comme Espagnol. Balmès est l'honneur de sa patrie. Homme de génie clair, vif, solide, ferme dans sa foi, agile dans la lutte, controversiste et docteur en même temps ; peu d'hommes dans ce siècle méritent de laisser comme lui pour héritage une si

[1] A la mort de Donoso Cortès, Albéric de Blanche eut l'idée de publier cette très belle confession. Il mourut lui-même, sans donner suite à son projet. La lettre figure dans les *OEuvres* de Donoso Cortès publiées par Louis Veuillot. II, 119-124.

belle renommée. Je ne l'ai point connu, et il ne me connut point, mais je l'estimais et je sais qu'il m'estimait aussi. Je n'ai vu que son portrait, et encore après sa mort. La Providence nous avait placés dans des partis politiques opposés. Et cependant, peu de temps avant sa mort, la religion nous inspirait les mêmes idées. Je ne sais si vous savez qu'un mois à peu près avant que Balmès publiât son *Pie IX*, j'avais écrit sur le même sujet et sur les mêmes faits. Balmès et moi disions les mêmes choses, nous portions le même jugement, nous formulions les mêmes opinions. Mais ce qu'il y a de singulier, et ce qui relève grandement le talent de Balmès, c'est que disant après moi les mêmes choses que moi, il les dit d'une manière propre à lui ; et l'on ne trouve pas dans son opuscule une seule des idées secondaires émises dans le mien. Preuve évidente de la richesse de son arsenal et de l'abondance de ses armes.

« Son dernier écrit (sur Pie IX) est remarquable à un autre point de vue. Balmès, qui fut toujours un grand penseur, n'était pas un grand artiste. Ses études littéraires ne marchaient pas de pair avec ses études philosophiques Uniquement occupé de l'idée, il négligeait l'expression. Celle ci était presque toujours lâche ; quoique ses idées fussent grandes,

son style était traînant et diffus ; l'habitude
de la polémique, cette exterminatrice du style,
l'avait rendu verbeux. Mais dans son écrit sur
Pie IX, Balmès élève de prime abord l'expression à la hauteur de l'idée, et cette grande
pensée brille, pour la première fois, revêtue
d'une expression magnifique et de belle éloquence. Quand Balmès mourut, l'écrivain
était digne du philosophe ; mesurés à la mesure de la critique, ils étaient égaux.

« Je veux donc vous remercier, pour le zèle
et le talent avec lequel vous avez rendu populaire un homme si éminent ».

Il fallait citer ces pages qui font tant d'honneur à la sérénité et à la bonté d'âme de Donoso
Cortès. C'est une si vieille et si persévérante habitude, chez les hommes célèbres, de se dénigrer
entre eux, qu'on a plaisir à entendre le sincère
hommage rendu par un grand orateur à un
grand penseur.

Quant au sentiment qui dictait à Albéric
des espérances sur l'avenir de la société contemporaine, son illustre correspondant, reprenant son thème pessimiste, disait en un langage
plein de magnificence :

« Je ne doute pas qu'il n'arrive bientôt un
jour où la lice sera ouverte aux « hommes de
bonne volonté et de croyances pures » ; mais
croyez que ce sera passager. La société est dé-

finitivement blessée à mort, elle mourra parce qu'elle n'est pas catholique et que le catholicisme seul est la vie.

« Je pense retourner bientôt en Espagne et me retirer pour quelque temps des affaires politiques, afin de méditer et d'écrire. Le tourbillon politique dans lequel je suis entraîné, malgré moi, ne me laisse jusqu'à présent ni un jour de paix, ni un moment de repos. Il est juste qu'avant de mourir je me retire quelques années, pour causer seul à seul avec Dieu et ma conscience.

« Pour moi, l'idéal de la vie est la vie monastique. Je crois que ceux qui prient font plus pour ce monde que ceux qui combattent ; et si le monde va de mal en pis c'est qu'il y a plus de batailles que de prières. Si nous pouvions pénétrer dans le secret de Dieu et de l'histoire, je suis sûr que nous nous émerveillerions, en voyant le prodigieux effet de la prière, même dans les choses humaines. Pour que la société soit en repos, il faut un certain équilibre que Dieu seul connaît entre l'oraison et l'action, entre la vie contemplative et la vie active. Le secret des grands bouleversements que nous souffrons vient, je n'en doute pas, de ce manque d'équilibre. Ma conviction sur ce point est si ferme, que s'il y avait une seule heure d'un seul jour dans laquelle la terre n'envoyât plus au ciel une prière, ce jour et cette heure seraient les dernières de l'Univers ».

C'est sur ces hautes pensées que Donoso Cortès termine brusquement sa lettre, en prenant seulement le soin d'assurer à son correspondant qu'il aura grand plaisir à lui dire, de vive voix, que nulle amitié ne saurait être pour lui plus flatteuse que la sienne.

Touché jusqu'au fond de l'âme par la lettre éloquente et cordiale de Donoso Cortès, Albéric de Blanche écrit de Villeneuve (2 août 1849).

« Jamais je n'aurais osé espérer que votre amitié m'honorerait de confidences aussi intimes que celles contenues dans votre aimable lettre du 21 juillet. Cependant, puisque vous m'avez jugé digne de tant de confiance, je m'empresse avant tout de remplir le devoir où je suis de vous exprimer la vive reconnaissance que m'inspire votre bonté.

« La part que vous voulez bien m'attribuer dans votre conversion est certainement si faible que je puis m'accorder la satisfaction d'y croire ; à l'estimer considérable je me verrais obligé de tenir votre langage pour plus courtois que sincère. De toute façon, le plaisir avec lequel j'ai lu l'admirable histoire de votre âme ne laisse pas d'être mêlé de quelque peine, à la pensée que votre plume devrait appartenir, sans exception ni réserve, à la cause de Dieu, plutôt qu'à la satisfaction de quelques amis isolés. Au moins vos lettres au comte de Montalembert ont eu la bonne fortune d'éclairer la France et le monde, après avoir rempli de joie l'âme de celui qui en était le destinataire. Ceci ne saurait advenir pour la lettre dont vous m'avez honoré, précisément parce qu'elle jaillit des profondeurs du cœur, et parce que ses caractères de tendresse et l'intérêt qu'elle a la condamnent à demeurer renfermée dans le sein de l'amitié. En la lisant, je la désirais moins belle ; et j'aurais voulu qu'elle fut accompagnée de votre permission de joindre ces quelques lignes de votre main à l'éloquent discours que vous adressiez naguère à la France et à l'Europe.

« Au sujet de vos lettres au comte de Montalembert, je suppose que vous connaissez les critiques qu'elle a provoquées en Espagne et dont j'ai vu quelques-unes. Généralement elles sont sans art ni bonne foi. Il y en a une pourtant que j'ai lue, il y a trois jours. dans le journal *La Espana* (il me semble que c'est dans le n° du 26 juillet dernier) ; l'article émane d'une personnalité, que je ne crois pas profondément catholique, mais il présente avec clarté et précision diverses remarques, justifiées indubitablement par vos écrits...

« Vous affirmez que le principe catholique est est un principe de vie pour les peuples comme pour les individus ; tandis que le principe philosophique condamne à la mort ceux qui l'adoptent. Il me paraît indubitable que par principe philosophique vous entendez un principe opposé au catholicisme et révolté contre Dieu. Considérée en elle-même la philosophie n'est ni bonne ni mauvaise, ni essentiellement catholique, ni essentiellement anti-catholique. La philosophie n'est pas autre chose que l'exercice de l'humaine raison, et vous savez mieux que moi la grande part que Dieu lui a réservée, à la raison, dans l'accomplissement de ses desseins sur nous et sur la société. Mieux que moi également vous savez jusqu'à quel point la sollicitude de l'Eglise s'étend, pour protéger et défendre la part que Dieu veut qu'ait, dans les œuvres de l'Eglise, l'intelligence humaine gouvernée par une volonté droite.

« Afin donc qu'il n'y eût sur votre pensée aucun doute possible, je crois qu'il suffirait d'expliquer ce que vous entendez par le *principe philosophique*. Vous aurez par là occasion de peindre avec de vives couleurs la coopération que Dieu a daigné établir entre le créateur et la créature, le maître et le serviteur, entre nos faibles efforts et son pouvoir infini ;

vous aurez aussi occasion de rappeler les leçons
trop oubliées de maîtres illustres, dans lesquelles ils ont montré l'ordre pleinement ration-
nel, souverain, absolu d'une société conforme
aux desseins du Dieu rédempteur ; et dans lesquelles est reconnu pour chef suprême Dieu lui-
même, représenté ici-bas par son Eglise, avec
des lieutenants de divers ordres et grades, dont
les fonctions distinctes correspondent à l'infinie
variété des choses humaines. Nous verrions
alors comment toutes choses, procédant de
Dieu directement ou indirectement, retournent
toutes à lui. Nous verrions la justice formant
la règle des relations de l'homme avec Dieu
et des hommes entre eux : non point une justice mesurée par notre faible portée, mais éta-
blie par Dieu lui-même et en dernière analyse
interprétée par lui seul. Nous verrions enfin
la charité adoucissant tout ce qui serait trop
rigoureux, guérissant les plaies de l'humanité,
servant de compagne à la justice et se mani-
festant comme son principe et sa fin ».

Poursuivant librement les réflexions que
provoquent dans son esprit les textes de Donoso Cortès, Albéric ajoute :

« Dans un autre passage de vos lettres au
comte de Montalembert, vous nous représentez
les sociétés allant infailliblement à la mort et
le mal remportant finalement la victoire sur

le bien. Cette prophétie n'est en vérité que celle que renferment les livres sacrés. Malgré tout, il y a, me semble-t-il, un peu de témérité à voir aussi rapproché de nous le jour de la catastrophe. Et il est possible qu'à cette occasion vous ayez abusé quelque peu de cette faculté propre des grandes intelligences (faculté qui les rapproche davantage de l'intelligence divine) qui est de ramasser, dans un seul point du temps, une longue série de conséquences qui se déroulent seulement au cours de longs siècles.

« Comme vous le voyez, mon cher ami, en prenant la liberté de vous faire ces remarques, je ne fais pas autre chose que vous mettre devant les yeux les objections qui se dégagent de vos lettres mêmes. Vous penserez que les intelligences débiles ont besoin d'être éclairées avec grande précaution ; et votre charité, j'en suis sûr, vous inspirera le moyen de dissiper les ombres que la faiblesse de certains entendements oppose à vos lumineuses doctrines. Si vous accordez quelque valeur à mes indications, je vous serais reconnaissant de me dire sous quelle forme vous pensez vous expliquer ; et en tout cas je m'offre à traduire ce que vous pourrez écrire.

« Je pourrais ajouter bien des choses, si je ne craignais de vous arracher trop longtemps à vos graves occupations. Je vous expliquerais en particulier les raisons pour lesquelles j'espère encore que la société présente guérira de la terrible infirmité qui la travaille, et de nouveau s'inclinera docilement sous le joug sacré de l'Eglise...

« En terminant permettez-moi d'exprimer le désir que vos belles paroles sur la prière et la vie contemplative obtiennent une publicité, qui serait si utile à ma patrie comme à la vôtre ».

En tête de cette lettre d'Albéric de Blanche Donoso écrivit : « Répondu le 8 août, lui donnant ma lettre au *Pais* et au *Heraldo*, pour qu'il ait la bonté de la traduire ».

Losque sa mission en Prusse fut terminée, Donoso Cortès retourna à Madrid. Sa rentrée au parlement fut éclatante. Dans deux discours, l'un sur la situation générale de l'Europe (30 janvier 1850), l'autre sur la situation de l'Espagne (30 décembre 1851), il s'éleva à la plus haute éloquence [1], parce que, comme toujours depuis sa conversion, sa foi illuminait sa politique. Opposant l'une à l'autre la période de civilisation, affirmative, progressive, catholique, à la période négative et révolutionnaire, il dénonçait, une fois de plus, le

[1] *Œuvres de Donoso Cortès*, I, 578, 408.

mal qui dévorait l'Europe, de Londres à Pétersbourg ; et de la dissolution des idées chrétiennes il concluait hardiment à la dissolution des sociétés.

« Le peuple romain et le peuple grec, s'écriait-il, ne furent pas des peuples civilisés ; ils furent des peuples cultivés, ce qui est fort différent. La culture est le vernis de la civilisation, rien de plus. Le christianisme seul a civilisé le monde, il l'a fait par trois moyens ; en faisant de l'autorité une chose inviolable, en faisant de l'obéissance une chose sainte, en faisant de l'abnégation et du sacrifice, ou pour mieux dire de la charité, une chose divine... Eh bien ! ces idées ne sont plus aujourd'hui dans la société civile. Elles se sont réfugiées dans les temples, où l'on adore le Dieu de prière et de miséricorde, et dans les camps où l'on adore le Dieu des batailles... Et voilà pourquoi l'Eglise et l'armée sont aujourd'hui les deux représentants de la civilisation européenne ».

A un champion si courageux de la religion catholique les hommages des catholiques auraient dû aller spontanément. Il n'en fut rien.

*
* *

Entre 1849 et 1850, Louis Veuillot avait

lancé le projet d'une *Bibliothèque nouvelle*, en cent volumes in-18, où il prétendait offrir aux catholiques « la solution de tous les problèmes du temps » sur la religion, l'histoire, la science, la littérature. Dans la lettre où il consultait Foisset sur cette affaire, il terminait par ce mot humoristique : « Dites-moi comment vous comprendriez une encyclopédie catholique... à l'usage de tous les enfants de quinze à soixante-quinze ans ». Bien entendu, Albéric de Blanche devait collaborer à cette *Bibliothèque*. Le premier qui y apporta un livre fut Donoso Cortès ; ce livre était intitulé *Essai sur le catholicisme, le libéralisme, le socialisme* (1851).

Albéric de Blanche, après l'avoir lu, écrit dans son cahier de notes, réflexions et remarques :

« Deux ou trois passages pleins de verve : l'un sur l'école libérale (p. 197, sq) ; l'autre sur le caractère de Proudhon (p. 329, sq). D. C. ne recule guère devant le paradoxe et l'erroné. Boutades d'homme d'esprit, plutôt que jugements d'un profond penseur... Amplification verbeuse d'un fort petit nombre de pensées... Cet ouvrage ne sera qu'un brillant fatras. La traduction, en ôtant un certain *pailletage* littéraire, ôte tout. Le fond est souvent vide, presque toujours banal... Il était difficile d'attendre moins. »

On en conviendra, ces quelques lignes sont exécutives à souhait. Où donc est le temps où Albéric de Blanche saluait avec tant d'enthousiasme, dans *l'Univers*, le génie de Donoso Cortès ?

Les sévérités injustes d'Albéric de Blanche demeurèrent dans sa chambre solitaire de Villeneuve. D'autres critiques se produisirent au grand jour. L'*Essai* fut attaqué dans l'*Ami de la religion* et la *Revue des Deux-Mondes* et par des journaux de Madrid [1]. L'*Ami de la religion* dénonçait des erreurs philosophiques et théologiques ; le *Heraldo* dénonçait un défenseur attardé de l'absolutisme ; dans la *Revue des Deux-Mondes*, Albert de Broglie dénonçait la politique moyenageuse de l'orateur espagnol.

Donoso Cortès écrivit au directeur du *Heraldo* deux lettres, admirables de bonne humeur, de lucidité et de franchise (15 et 30 avril 1852), où il disait en substance : le parlementarisme est la négation du gouvernement, le libéralisme la négation de la liberté et le rationalisme l'affirmation de la folie [2]. Contre les objections d'un prêtre, il prit le parti le plus rapide et le plus sûr ; il soumit son livre au

---

[1] *Œuvres*, III. Au bas des pages de l'*Essai*, on trouve la réponse faite par Melchior du Lac aux objections de l'abbé Gaduel.

[2] *Œuvres*, II, 170-181.

jugement du Saint-Siège[1]. En réponse à Albert
de Broglie, il écrivit, en date du 15 novembre
1852, des pages qu'il laissa dans son bureau[2].

Rome portait de l'illustre homme politique
espagnol un bien autre jugement. Le cardinal
Fornari lui demandait une consultation sur
les erreurs du temps présent : et Donoso Cortès[3] l'écrivit (29 juin 1852). La *Civiltà cat-
tolica* (16 avril 1853) vengea l'*Essai* dans un
long article[4]. Lorsque ce bulletin de victoire
parvint à Paris, Donoso Cortès était mort (3
mai 1853).

A cette nouvelle, Louis Veuillot écrivit dans
l'*Univers* :

« C'est une grande lumière que Dieu retire
de ce monde et une âme sainte pour laquelle il
a voulu avancer l'heure des récompenses éternelles. M. Donoso Cortès est mort tel qu'il a
vécu, entouré des secours de la religion, plein
d'humilité et plein de confiance. Il a été bon,
doux, charitable jusqu'au dernier moment...
Personne de nos jours n'a voulu plus sincèrement défendre la foi et servir la vérité.

« Nous n'ajouterons rien pour aujourd'hui.

[1] *Œuvres*, III, 508, 510. On trouvera là la lettre de
Cortès et la réponse de Pie IX.

[2] *Œuvres*, II, 243-280.

[3] Cette réponse figure dans les *Œuvres*, II, 211-243.

[4] *Œuvres*. III, 517-537.

Tout le monde peut mesurer la perte que la religion vient de faire. Mais ceux qui ont connu personnellement M. Donoso Cortès ne peuvent en ce moment le louer que par leurs larmes [1] ».

Le 7 mai, les funérailles eurent lieu à Saint-Philippe-du-Roule. Tout le Paris catholique était là, autour du cercueil de cet ambassadeur d'Espagne, que le charme de son commerce et l'ardeur de sa foi faisaient tenir pour un frère. Le curé de la paroisse, M. Ausoure, ne put chanter qu'en sanglotant les oraisons liturgiques. Dans l'*Univers* du 23 mai, Louis Veuillot, laissant couler le flot de ses souvenirs et de son amitié, fit du défunt marquis de Valdegamos une magnifique oraison funèbre.

Quelques jours après, de Villeneuve-sur-Lot où le minait déjà la maladie qui devait l'emporter, Albéric de Blanche écrivait à un de ses amis, Masarnau, très probablement.

« Vous n'avez pas oublié, mon bien cher ami, que je vous dois d'avoir eu des relations avec Donoso Cortès. Vous me fîtes faire sa connaissance en 1842. L'année d'après, je le revis à Madrid. Enfin, au mois de janvier 1849, ce fut moi qui découvris, dans un journal espagnol, ce fameux discours sur la révolution de fé-

[1] *Univers*, 5 mai 1853.

vrier, qui a rendu le nom de Donoso Cortès si retentissant.

« J'éprouvai alors la transformation profonde qui s'était opérée au fond de ce cœur. Je lui écrivis une lettre de félicitation banale, il me répondit par une relation admirable du changement que la grâce de Dieu avait accompli en lui. Dès ce jour, vous le comprenez, nos relations sont devenues intimes. Cependant, je l'ai peu vu depuis ce temps là, car je n'ai fait que passer à Paris. Mais je l'ai accompagné sans cesse par la pensée, jusqu'au moment funeste où il a été enlevé à tant d'espérances et à tant de tendresses qui s'étaient attachées à lui ».

Ces souvenirs attendrissants n'empêchent pas Albéric de faire allusion aux polémiques qui ont attristé les dernières années de son illustre ami.

« Je n'ai pas besoin de vous apprendre que les opinions de Donoso Cortès ont excité parmi nous de nombreuses discussions. Il a eu des admirateurs fanatiques, il a eu des détracteurs passionnés. Vous devinez que j'ai fait en sorte, au milieu de ces conflits, de garder le sentier du bon sens et de l'équité.

« J'ai trouvé dans l'esprit de notre illustre et regrettable ami, une disposition au découragement et une sorte d'angoisse permanente, effets habituels des déceptions et des vives souffrances dans les âmes faibles et tendres. La religion seule consolait et affermissait ce cœur dévasté. Les tristesses de Donoso Cortès étaient probablement plus inexplicables pour ses nouveaux amis que pour les anciens. Il me semble que moi même je m'en rends mieux compte, en repassant dans mes souvenirs les entretiens que j'ai eus avec vous.

« Je vois dans ce pauvre ami une victime des brûlantes passions qui ont séduit et perverti notre pays depuis vingt années. Mais Donoso Cortès était bon. Son grand esprit tendait invinciblement à Dieu. Cet esprit a poussé le cœur dans la même direction. Les dernières années ont racheté les premières. Et cet idolâtre converti prend à bon droit une place à côté de Balmès, qui a été si admirablement fidèle du berceau à la tombe.

« Vous savez sans doute que M. de Montalembert travaille à écrire une vie de Donoso Cortès. Nul ne saurait le faire avec plus d'éclat. Je ne sais comment il traitera ce qui touche à la politique. Pour moi ce sera là un côté bien difficile. Sur cet article, je ne puis me défaire d'une grande préférence pour Balmès : sur le chapitre des assertions philosophiques, il y aurait aussi beaucoup à dire. M. de Montalembert se contentera-t-il du silence ? Je ne le pense pas. Dans la querelle qui a failli tuer le journal l'*Univers*, Donoso Cortès, qui appuyait Veuillot, s'est trouvé entièrement opposé à M. de Montalembert. Celui-ci voudra sans doute, en exaltant le génie de Donoso Cortès, marquer les points où ce génie est allé jusqu'à l'excès. Cette critique me paraîtrait nécessaire. Néanmoins il faut, sous peine d'injustice, que la renommée de Donoso Cortès demeure éclatante sous la plume de son biographe ».

Montalembert n'écrivit point la vie qu'annonçait Albéric de Blanche. Mais dans les pages émues qu'il consacra, dans le *Correspondant,* à la mémoire de l'homme d'état espagnol, il ne manqua pas de formuler les réserves qu'on pouvait attendre dans une telle revue. L'article de Montalembert est une réplique à l'article de Louis Veuillot paru dans l'*Univers*. Depuis longtemps les deux feuilles servaient à ce genre de dialogues ; elles avaient des principes trop divergents, pour pouvoir louer d'une même bouche les idées de Donoso Cortès.

CHAPITRE VII

—

LES DERNIERS TRAVAUX, LES DERNIERS JOURS
(1848-1854)

*Candidature d'Albéric de Blanche à l'Assemblée nationnale,
projet de mariage.*

*Le valétudinaire de Villeneuve, il relit les dramaturges espa-
gnols, il applaudit à la Philosophie fondamentale de Balmès
traduite par Manec.*

*Il déplore le Gaumisme, il s'explique sur la brochure de Mon-
talembert Les Intérêts catholiques, il attribue à l'influence
de Donoso Cortès les erreurs de l'Univers.*

*Il écrit à Louis Veuillot en deuil, il pense à son mariage, il
échange des lettres avec Ozanam, il pense à traduire les
écrits politiques de Balmès.*

*La dernière maladie, la mort, l'oraison funèbre écrite par Louis
Veuillot, le portrait d'Albéric par Lafon.*

La révolution de 1848 donna aux esprits en
France une secousse singulière. Des royalistes
qui regardaient la monarchie de Louis-Philippe comme un malheur se sentirent libérés.
Les plus ardents des catholiques, à qui le régime
tombé avait obstinément refusé la liberté d'enseignement, applaudirent à la chute du trône.
Des prêtres nombreux, des évêques, des moines
comme Lacordaire, briguèrent des mandats de

députés. Dans son manifeste électoral, Montalembert disait :

« Si la vie politique m'était rouverte par le suffrage de mes concitoyens, je travaillerais de bonne foi et sans arrière pensée à fonder la constitution de la République. Persuadé que les gouvernements ne succombent en France que par défaut de sincérité et par complaisance pour des passions exclusives, je m'efforcerais par-dessus tout de donner au gouvernement républicain la première des conditions de toute vraie grandeur, la durée ».

Le Comité de la liberté religieuse, dont le rôle et l'autorité s'étaient agrandis, à mesure que ses adhérents réclamaient plus fort la liberté d'enseignement, envoya dans tous les départements une consultation à l'usage des catholiques. Cette circulaire était signée par Montalembert, Vatimesnil et Riancey. L'*Univers* (12 avril) la publia en tête de ses colonnes. On disait aux croyants : Choisissez tout d'abord des « républicains éprouvés », des « républicains de la veille », à la seule condition qu'ils vous donnent les garanties indispensables concernant les libertés religieuses ; « à défaut » de ces candidats, prenez les hommes des anciens partis, à la même condition ; si l'une ou l'autre hypothèse ne se vérifient, donnez vos suffrages à des hommes qui ne soient pas hostiles à la religion, en ayant soin de choisir ceux qui se distinguent par « la générosité du cœur, la fermeté du caractère et le bon sens pratique ».

Familier de *l'Univers* et du *Comité de la liberté religieuse*, Albéric de Blanche n'était pas un républicain de la veille, mais bien plutôt un monarchiste par tradition. Il posa cependant sa candidature à l'Assemblée nationale.

Dans le département du Lot-et-Garonne, il y eut plusieurs listes, comme en beaucoup d'autres endroits. Les hommes disposés à gérer les affaires publiques se trouvèrent fort nombreux. Quelques-uns n'avaient jamais quitté le pays. D'autres, comme Charles de Lesseps, Rebel et Albéric lui-même, avaient largement respiré l'air de Paris. Dans un recueil de la Bibliothèque nationale, quelques affiches ont été conservées de ces temps déjà lointains. C'est une littérature qui offre au moins l'avantage de nous surprendre.

Dans sa profession de foi, Rebel, avocat à Paris, déclare impossible tout autre gouvernement que le gouvernement républicain, il demande l'abolition de la peine de mort et prétend fonder désormais la diplomatie sur l'alliance et la fraternité des peuples. Un M. Fabre, médecin, après avoir confessé sincèrement qu'il n'était qu'un républicain du lendemain, proteste de sa détestation contre la république de 93 et les théories communistes ; il réclame la liberté d'enseignement, de la presse, de la parole, etc. Dans un discours fait au milieu d'une tournée électorale, Charles de Lesseps, après avoir rappelé ses liens anciens avec le Lot-et-Garonne, bat le rappel pour la défense de la famille, de la propriété, de l'agriculture. Enfin, dans un manifeste du *Comité central républicain*, présidé par M. Larrieu, maire de Villeneuve, on lit :

« L'Évangile devient la loi du monde... Le souffle de Dieu a passé sur la France, le peuple, image vivante de l'Homme-Dieu crucifié, vient de ressusciter ; il appelle à lui tous les hommes de volonté ».

Albéric de Blanche ne figure pas sur la liste patronnée par le *Comité central républicain*. On aura trouvé qu'il était trop tiède pour la république nouvelle ; et l'on n'avait sans doute pas tout à fait tort. Voici sa profession de foi, dont la tenue est assez en contraste avec celle de ses rivaux politiques. Aux électeurs qu'il appelait *Messieurs*, et non pas *citoyens* et *frères*, il disait, dans une affiche blanche datée du 2 avril 1848 :

« Des personnes d'une autorité grave me décident à maintenir ma candidature que je retirais devant d'autres plus dignes de vos suffrages. Je vous dois une profession de foi.

« Spectateur à Paris de la prodigieuse révolution qui vient de s'accomplir, j'ai applaudi des premiers, non aux ruines qu'elle a faites, mais à l'affranchissement qu'elle nous procurait. Un monopole créé par une seule classe de la société, altérait depuis trente-deux ans le génie de la France. Depuis trente deux ans le corps électoral, depuis dix-sept ans le pouvoir lui-même, soutenaient une conspiration pour supplanter ce qui les dominait, pour opprimer ce qui les suivait. Cette conspiration avait tout désorganisé : le *travail*, en y maintenant un principe de concurrence dont elle seule profitait ; les *finances*, en les exploitant uniquement pour s'enrichir ; le *crédit public*, en exagérant la production industrielle dont elle avait les bénéfices, au détriment de la production agricole seule base réelle de la richesse ; les *fonctions publiques* et la dignité de la nation elle-même, en faisant prévaloir la cupidité, l'égoïsme, au lieu des principes de dévouement et d'honneur qui en font seuls l'utilité et l'éclat ».

Il est probable que Guizot aurait protesté contre ce tableau rétrospectif de la monarchie de juillet. Quoi qu'il en soit, le candidat poursuivait :

« Cette conspiration doit être châtiée. Elle ne doit plus recommencer. Tout est libre aujourd'hui en France ; tout était libre du moins, au lendemain de la révolution. Car déjà nous nous sentons en lutte contre un monopole nouveau, arrogant, violent, plus inepte encore dans le fond que celui qu'on vient de détruire. Il faut que la liberté triomphe, dans la jeune république, et que du sein de cette liberté sorte une expression pure et généreuse de la société française ».

On trouve dans ce langage un peu enveloppé les préoccupations qui avaient dicté à Montalembert son vibrant appel, en tête de l'*Univers* du 28 février :

« Au milieu de toutes les révolutions, l'Eglise reste debout comme la vérité, la liberté et la justice. Sous la république comme sous la monarchie, il nous faut défendre, aimer et servir la liberté religieuse. Nous le devons, nous le voulons et nous le pouvons ».

Il n'est pas douteux que, dans l'âme si catholique d'Albéric, la consigne par excellence, le but premier, ne fût de servir la liberté religieuse. Il disait aux électeurs :

« Mon double nom [1] vous est connu par des traditions dont aucune ne me paraît à renier. Mes opinions sont consignées dans cette profession de foi et en d'autres écrits que la plupart d'entre vous ont entre les mains. Quant à

[1] Blanche et Raffin.

mon caractère, c'est à mes concitoyens qu'il appartient d'en rendre témoignage.

« On vous dira que je tâche d'être avant tout le fils obéissant de cette Eglise qui a civilisé nos pères, qui a infiltré l'esprit de liberté et d'égalité au cœur de notre société, qui seule y fera triompher la fraternité par laquelle la liberté et l'égalité seront sauves.

« On vous dira que tous mes intérêts sont liés aux vôtres, que mes affections m'ont enchaîné constamment à mon pays, dans le temps même que je me formais, loin de vous, aux travaux de la vie publique.

« Si ces titres vous suffisent, j'accepterai vos suffrages comme un hommage aux principes dont je me porte le représentant ».

Venaient alors les engagements formels, en quatre points.

« En sollicitant l'honneur de devenir votre député à l'Assemblée nationale, je promets de défendre :

1° La liberté religieuse, non seulement de mon Eglise, mais de tous les cultes.

2° La liberté d'enseignement, d'éducation et les autres droits indéclinables de la famille.

3° Le droit de propriété, attaqué par le communisme et par d'autres idées sociales qui tentent d'organiser le travail en sacrifiant le principe de la liberté.

4° Je promets enfin de concourir de tout mon pouvoir au développement de l'agriculture, chargée d'entraves et d'impôts qui jusqu'ici profitaient uniquement à l'industrie.

« En terminant, Messieurs, mon âge me commande de vous faire une déclaration. Je demande hautement pour moi vos suffrages. Mais mes vœux appellent avant tout le succès de mon honorable compatriote, M. le général Radoult de Lafosse. Ses sentiments sur les points essentiels sont trop pareils aux miens pour que je souhaite un seul suffrage qui ne porte point son nom inscrit avant le mien. Je ne sollicite une place dans l'Assemblée qu'après que la sienne, et celle de quelques autres plus dignes que moi, seront assurées. »

La modestie de cette déclaration finale, la netteté dans l'affirmation des principes religieux mettaient à part le langage d'Albéric de Blanche. Je n'ai pu retrouver son journal l'*Electeur*, destiné à soutenir sa candidature et qui eut bien trois numéros [1]. On peut être sûr qu'il n'y parlait pas en courtisan du peuple souverain.

Le scrutin ne fut point favorable à Albéric de Blanche. Par bonne amitié, l'*Univers* (13 avril) avait publié presque en entier sa profession

[1] Jules Andrieu. *Bibliographie générale de l'Agenais*, I, 89.

de foi. Mais cela ne suffit pas à gagner les électeurs du Lot-et-Garonne. Au moins le candidat
évincé eut-il la consolation d'applaudir à l'é-
lection du général Radoult de Lafosse dont il
avait souhaité le succès avant le sien. Et par
là se termina la vie politique dont ce jeune
homme paisible avait un instant rêvé.

Peut-être à l'occasion de cette candidature
politique, ou par suite d'un concours de circonstances que nous ignorons, un projet de
mariage s'esquissa à cette époque pour Albéric.
Les négociations durent être poussées assez loin.
Le marquis de Raffin s'y intéressait de fort près.
Surtout depuis son retour à la religion, il couvrait Albéric de toute sa tendresse ; il l'avait
adopté, lui avait donné son nom et promis sa
fortune. Par là Albéric devenait un parti des
plus souhaitables. Mais les parents de la fian-
cée rêvée, après s'être avancés, reculèrent.
Albéric reçut du frère de la jeune fille une
lettre qui mettait tout en suspens. Alors le
marquis de Raffin intervint. Nous avons encore
le brouillon de son épître à cet inconnu.

« Par une lettre que mon neveu a eu l'honneur de recevoir de vous, j'apprends quelques-
uns des motifs qui portent votre famille à
différer un projet qui nous est devenu cher.

« Vos réflexions sur l'instabilité des circonstances présentes et sur le danger des révolu-

tions, sont pleines de justesse et je serai heureux de prendre, de mon côté, toutes les précautions qui pourront le mieux garantir l'avenir de mon neveu.

« Dès ce moment, Monsieur, j'acquiesce aux conditions que paraît contenir votre lettre. Une adoption régulière satisfera de tout point mes sentiments pour lui. Je ne demande pas mieux que d'en commencer les formalités.

« Mais, Monsieur, vous savez que ces formalités exigent un temps assez long. Votre famille ne pourrait-elle consentir, dès ce moment, à un moyen plus simple et plus expéditif ; ce qui n'empêcherait pas l'adoption de se réaliser plus tard. Le moyen que je propose serait une donation par contrat, ou tout autre acte conçu de manière à suppléer le plus possible les effets de l'adoption.

« Je souhaite, Monsieur, que ma proposition soit acceptée. Elle me paraît répondre à toutes les justes exigences qu'inspirent les intérêts de Mademoiselle votre sœur. En même temps, elle satisfait la légitime impatience de mon neveu et la mienne ».

Le correspondant inconnu du marquis de Raffin dut hésiter encore. Ou peut-être la santé déclinante d'Albéric fit-elle renvoyer *sine die* un projet près d'aboutir. Pour l'un ou l'autre de ces motifs, le séjour d'Albéric dans le Midi se prolonge, Il vit à Villeneuve, il passe de longs mois à Bayonne, chez sa sœur Mme de Marignan, tout absorbé, comme nous l'avons vu, dans la publication des œuvres de Balmès. Absent de Paris pendant les années 1849 et 1850, il y revint pour la réédition du *Protestantisme comparé au catholicisme*, en 1851. Mais cette apparition fut brève. Et il regagna le Midi, pour soigner sa santé ébranlée.

*
* *

Louis Veuillot a écrit :

« Depuis son départ de Paris, en 1851, où nous lui dîmes adieu, avec la douloureuse certitude de ne plus le revoir, son existence fut une véritable agonie. Gardant la majesté, la magnanimité du courage chrétien, il perdit successivement la force, le travail, l'espérance de guérir et enfin la vie ».

Ces lignes sont un raccourci inexact. Le cahier où Albéric de Blanche écrivait ses réflexions, pendant cette « agonie » qui dura plus de trois années, est conservé parmi les papiers de sa famille. Ces pages in-4° à l'encre pâle témoignent que le jeune écrivain garda, presque jusqu'au bout, l'habitude de lire, et de philosopher la plume à la main sur ses lectures,

Dans cette occupation des loisirs que laisse la douleur, les lettres espagnoles ont leur part et l'on s'y attend bien. Albéric relit Calderon et Lope. Au premier il consacre des mois (24 janvier-4 mai 1852) ; au second deux jours seulement (11, 12 mai 1852). Depuis dix ans il n'avait pas relu les œuvres des deux dramaturges espagnols. En reprenant ces livres abandonnés, il modifie ses opinions anciennes. Autrefois sa pensée dépendait très étroitement de celle de Schlegel. Il se déprend aujourd'hui d'une influence qu'il estime injustifiée. Tout en rendant à Calderon l'hommage dû à un grand artiste, à un penseur, à une âme chaleureuse, il juge que ses drames sacrés ne sont ni les plus médités ni les mieux écrits Et voici comment il classe, par ordre de mérite, les pièces de l'illustre écrivain : *Casa con dos puertas, No siempre el peor es cierto, El alcalde de Zalamea, Mananas de abril y mayo, Dicha y desdicha del nombre, El medico de su honra.* Les drames sacrés (les *autos sacramentales* mis à part) sont bien inférieurs à ces six drames profanes. Si les pensées y sont plus hautes, l'art y est moindre. Mais on ne saurait argumenter de là pour conclure que la croyance du poète n'était point profonde. Souvent ses convictions et ses sentiments éclatent en des vers qui ne sauraient tromper. Comme les drames étaient destinés à un public moins difficile, plus assoiffé d'émotions religieuses que de jouissances esthétiques, l'écrivain aura négligé volontairement le soin patient qui leur aurait assuré une perfection plus grande. Tandis que, dans les pièces profanes, le souci de contenter les goûts raffinés de Philippe IV l'aura stimulé à raffiner lui-même dans son art.

Entre deux analyses des drames de Calderon, Albéric de Blanche écrit à un ami inconnu (7 mars 1852) une lettre où il résume ses impressions ; elles sont celles que nous venons de dire. Au terme de sa très longue lettre il ajoute.

« Lope de Vega, qui mourut prêtre comme Calderon, offense en mille endroits notre délicatesse. Son théâtre d'ailleurs n'est guère comparable à celui de son [rival de gloire]. On a dit que Lope est le poète espagnol par excellence. Cela devrait être traduit ainsi : Lope est de tous les beaux esprits de son temps celui qui possède le plus abondamment le *sel* espagnol agréable au goût national. Mais, du reste, Calderon ne se ressent pas plus que Lope des influences étrangères. Lope a plus d'originalité dans l'esprit, un tour plus vif, une invention plus piquante ; Calderon est incomparablement plus grand, plus soutenu, plus profond. L'un écrit des tragédies, des drames, .

des comédies de caractère ; l'autre n'a guère laissé que des vaudevilles ; ses plus hautes prétentions n'aboutissent qu'à cela.

« C'est une chose étrange et bien digne d'étude que les principaux poètes de l'Espagne aient été des prêtres et des moines, et n'aient point laissé de cultiver les lettres avec une liberté, il faudrait presque dire avec une licence singulière... Luis de Leon lui-même entremêle dans ses cantiques sacrés des sonnets qui exhalent un parfum bien enivrant. Grâce à ces inconséquences, on prouvera que l'Inquisition ne fit point peser sur l'imagination un joug trop lourd. Grâce à ces inconséquences, on prouvera que l'Inquisition laissait la pensée libre de s'abaisser et de se dégrader. On prouvera mille choses. Reste à savoir ce qui sera vrai. .

« Allons, il faut finir. Voilà tout à fait la préface d'un livre. Comment ai-je pu m'étendre ainsi sur un sujet si éloigné de mes véritables préoccupations et des vôtres ».

Albéric de Blanche en effet habite par la pensée au milieu des problèmes français par excellence. Les œuvres de Joseph de Maistre, de Bonald, plus que celles de Donoso Cortès et de Balmès, alimentent ses réflexions. Il suit la querelle des classiques suscitée par le *Ver rongeur* de l'abbé Gaume, les polémiques provoquées par la fameuse brochure de Montalembert sur les *Intérêts catholiques au* xix*e siècle*.

Par poussées successives, le libraire Vaton arriva à réaliser ses désirs. La *Philosophie fondamentale* de Balmès, parut en 1852. Edouard Manec, qui avait traduit l'ouvrage, le dédia à Mgr Dupanloup. Il disait dans cette dédicace, datée d'Orléans, le 20 janvier 1852.

« Il n'y a pas longtemps, V. G. signalait en quelques lignes élogieuses à l'attention des esprits sérieux le nom de Balmès, comme une des gloires de notre époque. Vous avez été, Monseigneur, un des premiers en France à apprécier la raison si pleine et si haute de l'auteur du *Protestantisme comparé au catholicisme...* Les quelques lignes tombées de votre plume ont décidé le travail que je livre au public aujourd'hui ».

Impossible de savoir, par les lettres de Vaton à Albéric de Blanche, si les 4 volumes de la *Philosophie fondamentale* furent pour le libraire d'un bon rendement. Ce qui est certain c'est que le clergé français, autant que le clergé espagnol, avait alors besoin d'être ramené aux sources mêmes de la philosophie catholique. Et le livre de Balmès avait l'avantage d'offrir les vieilles doctrines scolastiques revisées par un cerveau moderne très puissant et très lucide,

A la rentrée des classes de 1852, Edouard Manec devint professeur de philosophie au grand séminaire d'Agen. Il revenait dans son pays d'origine, rappelé par Mgr Le Vezou de Vezins. En apprenant cette nouvelle, le libraire Vaton écrivait avec candeur : « J'en suis bien aise par le motif que M. Manec sera plus sédentaire et que cela fera beaucoup de bien à sa publication ».

Dans le même temps (11 octobre 1852) Albéric de Blanche, revenu lui aussi dans son Agenais pour ne le plus quitter, écrivait à l'abbé M. . prêtre parisien de ses amis, une longue épître où il donne ses impressions sur la *Philosophie fondamentale*, en attendant de savoir ce qu'en pense son correspondant.

« Je dois vous avouer que ces spéculations métaphysiques me causent plus d'admiration que de délectation. C'est assurément la preuve que ma cervelle n'est pas bien propre aux études de cette sorte. Mme de Staël reproche à Leibnitz d'être généralement abstrait. Pourquoi se mêle-t-elle de métaphysique ? Balmès ne lui plairait pas plus que Leibnitz. Les grands raisonneurs sont une espèce à part du reste des hommes. N'êtes-vous pas d'avis que Balmès, par son livre, a conquis une place parmi nos grands seigneurs de l'abstraction...

« Balmès prouve certainement que l'abstraction n'est nullement l'obscurité. Il porte partout une lumière vive et assurée. Il a au plus haut degré le génie de la démonstration. Mais il est certain que la démonstration métaphysique n'a d'utilité et d'attrait que pour un petit nombre d'esprits. Les Allemands probablement liront beaucoup plus que nous la *Philosophie fondamentale*. Il me semble qu'on pourrait dire qu'à certains égards elle est faite pour eux. Les chimères de leur rationalisme sentimental y sont pourchassées avec un zèle admirable. Combien on voit, dans l'ouvrage de Balmès, les avantages de la tradition scolastique et catholique ! Presque toutes les erreurs modernes sont dues surtout à l'ignorance. Pour s en préserver, il aurait suffi de continuer à savoir. comme on savait au moyen âge dans toute la chrétienté.

« Voilà une considération qui mènerait loin, Monsieur l'abbé. Il vaut mieux couper court. Un dernier mot seulement. Vous avez probablement remarqué avec quel respect Balmès traite Descartes. Il n'est peut-être pas tout à fait de son école ; mais c'est un *maître,* cela suffit pour qu'il le salue avec respect. C'est par un effet du même sentiment que Balmès s'incline devant toutes les grandeurs de l'antiquité profane. Pour mon compte, j'aime cette façon de se conduire. Elle marque un sentiment du grand, qui est, ce me semble, tout seul, un commencement de grandeur. Du reste le livre de Balmès, quoique fort abstrait et métaphysique, atteste l'élévation et l'ardeur de l'âme. Balmès éprouvait cette passion pour le bien, pour la vérité, pour Dieu, qui est la passion vivifiante du sanctuaire et du cloître. Mais cette passion chez lui n'empêchait pas l'exercice de la raison… Peut-être même habituellement pensait-il plus qu'il n'aimait. S'il eût aimé plus que pensé, nous n'aurions pas une seule ligne de lui. Son âme serait allée silencieusement, non dans un livre, mais dans le ciel. »

On sait comment la *Ver rongeur* de Gaume, en rendant les études classiques responsables des désordres de la société contemporaine, alluma chez les catholiques de France le feu de la discorde. L'*Univers*, par la plume de Veuillot, s'enflamma dans cette querelle. Albéric, dans une lettre à un inconnu — peut-être à Melchior du Lac — s'explique avec la plus entière franchise. L'*Univers* a tort dans le fond et dans la forme. Il est violent, étroit, intolérant ; il tourne le dos à toutes les lumières qui jaillissent de l'histoire.

« Je suis convaincu que l'Eglise fera taire le

présent débat et continuera de faire ce qu'elle a fait toujours : employant l'art et la sagesse antiques à ses desseins, en purifiant et sanctifiant toutes choses. Avez-vous remarqué comme le droit romain s'est christianisé sans cesser d'être le droit romain ? La langue romaine, la littérature romaine, l'architecture romaine et jusqu'à la politique romaine se sont christianisées de la même façon. Où voit-on une rupture violente entre l'antiquité et le christianisme ?...

« Les gens de l'*Univers* me font l'effet d'une troupe de nouveaux convertis, insolents et grossiers, qui, par haine contre les idoles abandonnées, traitent d'idoles les images les plus sacrées. Tout ce qui ne porte pas l'estampille de la sacristie paraît sacrilège à certains fanatiques. C'est une chose admirable que l'Eglise ne se soit jamais laissée duper par aucune sorte de fanatisme...

« Si un poète chrétien a surpassé Virgile on fera bien de le faire admirer aux enfants. Mais je crains bien qu'on ne cherche en cela la *pierre philosophale*. J'avoue que, pour mon compte, je trouve Virgile, tel qu'on me l'a fait connaître, très digne d'être goûté par un chrétien. J'en dis autant d'Horace. Je n'ai jamais eu envie d'aller fureter dans des éditions non expurgées. Si une telle envie me prenait, j'aimerais beaucoup mieux fureter dans Brantôme ou Pigault-

Lebrun. Pour l'honneur de la Renaissance et des classiques, il me paraît suffisant que les mêmes noms et les mêmes œuvres marquent, chez tous les peuples catholiques, l'apogée de la littérature chrétienne et l'apogée de l'imitation des anciens ».

Dans une autre lettre au même (16 juin 1852), Albéric reprend la question, le lendemain, pour ajouter cette réflexion fondamentale.

« Dieu a permis que deux nations païennes, la Grèce et Rome, fussent douées d'un génie naturel supérieur à celui du reste de l'humanité. Si Dieu avait pris l'avis de certaines gens.., toute la vertu, tout le génie se fussent trouvés chez le peuple hébreu, et de là se fussent transmis immédiatement aux seules nations catholiques. Que voulez-vous ? Dieu n'a pas raisonné ainsi... La civilisation antique est restée l'héritage des peuples régénérés. Prétendre répudier cet héritage c'est du fanatisme. En méconnaître le prix, c'est de la stupidité et de la barbarie. De même que nous tenons notre sang et notre chair de pères infidèles, de même Dieu permet de tirer d'eux notre littérature. Il suffit que tout cela ait reçut le baptême ».

Peu après l'*Essai* de Donoso Cortès, qui avait suscité de si vives contradictions, parut une brochure de Montalembert, *Des intérêts ca-*

tholiques au xixe *siècle.* Invité par Léon Carbonero y Sol, directeur de *la Cruz* de Séville, a collaborer à ce journal, Albéric de Blanche y envoya une correspondance, dans laquelle, après avoir rappelé ses relations déjà anciennes avec la presse religieuse espagnole, il esquissait un tableau des espoirs permis aux catholiques, aux premiers jours de la présidence de Louis-Napoléon :

« Dès 1848, la révolution s'incline avec respect devant l'Eglise. Le martyre de l'archevêque de Paris, en faisant rejaillir sur le clergé entier un vif éclat, redouble sa puissance morale. En dépit des colères démocratiques, la république se voit forcée de reprendre vis-à-vis du Saint-Siège des engagements solennels. La liberté des conciles, la liberté d'enseignement permettent peu à peu à l'élément divin de reprendre toute son action. Enfin les hommages rendus à la religion par le chef de l'Etat, le panthéon restitué à la bergère de Paris, l'argent prodigué pour la restauration des cathédrales, tous ces actes, reconnus si habiles, semblent mettre le couronnement au triomphe de l'Eglise sur la révolution ».

Mais au lieu de philosopher lui-même là-dessus, le correspondant de *la Cruz* aime mieux envoyer à Séville quelques extraits de la nouvelle brochure de Montalembert. « Cette plume rapide dit tout, et l'éloquence de l'orateur se retrouve dans le talent de l'écrivain ». Les extraits envoyés sont tirés des premiers chapitres ; et pour faire vite, Albéric les envoie déjà traduits en espagnol, par son ami Antonio de Zappino.

Mais il est certain et évident que ce n'est pas uniquement pour tracer une esquisse des récents progrès de la religion en France et ailleurs, que Montalembert a pris la plume. Sa brochure a surtout pour but de rompre avec l'*Univers*. Dans les premiers chapitres, Montalembert fait à grandes enjambées le tour de l'Europe ; partout il rencontre des signes heureux pour le catholicisme. Puis il s'explique sur la France.

En face du coup d'Etat, Veuillot et lui avaient opiné de même. « Il n'y a ni à choisir, ni à récriminer, ni à délibérer. Il faut soutenir le gouvernement. Sa cause est celle de l'ordre social. Il faut le soutenir aujourd'hui que la lutte est engagée, pour avoir le droit de le conseiller plus tard ». De ces mots parus dans l'*Univers* du 5 décembre, Louis Veuillot reçut les compliments de Montalembert, qui, ce jour-là même, vit le Prince président. Pris à parti dans son monde pour cet acte de ralliement, moins consulté par le président qu'il n'aurait souhaité, Montalembert se refroidit et peu à peu vira de bord. En février 1852, il reçut avec plaisir les félicitations de l'*Univers* pour son élection à l'Académie. Le 18 avril, il félicitait encore son « cher ami » Veuillot des coups portés à Mignet. Quelques mois après, c'était la rupture. Et c'est bien ainsi qu'Albéric de Blanche comprit la seconde partie de la brochure sur les *Intérêts catholiques*.

« Le reste de l'ouvrage, écrit-il à Léon Carbonero y Sol, est consacré à une polémique d'un haut intérêt pour la France, digne aussi d'attirer l'attention de l'Espagne... M. de Montalembert se demande quel est le régime politique le plus propre à favoriser les succès [du catholicisme] : il opine que c'est le *régime parlementaire représentatif.*

« Lorque la Révolution du 2 décembre de l'année dernière enfanta chez nous un pouvoir qui parut aussitôt tourner toutes ses forces contre sa mère, le journal l'*Univers* donna hautement son adhésion, il ne l'a point retirée. Cette conduite d'un journal, puissant auprès du clergé, a été, pour les destinées de la religion dans notre pays, un péril qui alarme les meilleurs esprits. Ancien collaborateur de l'*Univers*, l'amitié m'interdit de pousser plus loin cette critique, *Inter abruptam contumaciam et difforme obsequium pergere iter periculis vacuum* : cette phrase de Tacite placée par M. de Montalembert en tête de son livre, exprime avec justesse le rôle qui convenait à notre Eglise. Je déplore que l'*Univers* ait paru pencher vers un autre sentiment. »

Ainsi s'exprimait Albéric de Blanche, le 4 décembre 1852. Il reviendra encore à ce même sujet, dans le même sens, dans trois lettres qui nous manquent, une à Louis Veuillot et les deux autres à du Lac. Et pourtant l'*Univers* s'était expliqué avec une lucidité parfaite, sur son différend avec Montalembert [1]. Veuillot avait relevé, avec bonne humeur mais nettement, les accusations gratuites de palinodie, d'ambition, portées contre certains écrivains religieux devenus les « Pindares de l'autocratie », « les panégyristes de l'absolutisme » et les « avocats de la dictature à perpétuité » ; il en appelait « aux souvenirs » et « au cœur » de l'ami d'hier ; il le défiait d'apporter des faits et des textes qui fussent des preuves. Il s'amusait, avec un peu de cruauté, à mettre l'écrivain en contradiction avec lui-même, attendu que, tout en blâmant la dictature, il avouait qu'il s'y résignerait pour dix, vingt, trente ans ; attendu aussi qu'en réclamant, pour le régime parlementaire, toutes les préférences, les préférences forcées des catholiques, il se vantait d'avoir vu de près et déploré « ses abus,

[1] Voir *Mélanges*, 1re série, I, 180-203.

ses dangers, les folles illusions et le jeu cruel des partis... les mécomptes, les tristesses, les défaillances inséparables de ce laborieux régime ». Abordant enfin résolument le fond de la question, Veuillot, suivant de près les textes, concluait que, pour Montalembert, toute la liberté politique se réduisait à la liberté de la tribune ; et il ajoutait ces lignes superbes et irréfutables :

« Hâtons-nous de le dire, cette séduction si naturelle et si prenante [de la tribune sur un orateur-né] n'a jamais eu sur l'esprit de M. de Montalembert une influence capable de lui faire oublier ce qu'un bon citoyen doit à la patrie, ce qu'un bon catholique doit à la vérité. Dans ce passé dont toute la gloire lui appartient, mais dont nous avons aussi supporté les fatigues, dans ce beau passé qu'il prétend que nous ternissons, et que nous tremblons qu'il n'oublie, il nous apprenait lui-même, au mépris de toutes les injures et de tous les périls de l'impopularité, à honorer, par une confession courageuse, les principes que l'entêtement libéral ne voulait ni accepter ni comprendre et que notre foi ne nous permettait pas de faire fléchir. Nous savions qu'on les discuterait peu et qu'on les diffamerait beaucoup. Nous ne laissions pas néanmoins de les produire. Nous disions que l'Eglise avait droit aux mêmes libertés que tout le monde, non pas que tout le monde avait droit aux mêmes libertés que l'Eglise ; que toutes les libertés que nous réclamions étaient de droit naturel et de droit divin, bonnes, nécessaires, légitimes, saintes, non pas que toutes les libertés que l'on réclamait eussent le même caractère, le même titre et dussent être décrétées. Jamais notre liberté ne fut celle des libéraux, encore moins celle des démocrates, et jamais ils ne l'ignorèrent. Quel que fût le péril de les refroidir comme alliés, (lorsque par hasard et pour un moment ils l'étaient) ou de les éviter comme ennemis, nous pensions, M. de Montalembert et moi, que le péril serait infiniment plus grand d'accepter ou de tolérer une seule de leurs erreurs. Ainsi le voulait notre conscience, ainsi le voulait l'intérêt de notre parti...

« On nous a appelé, nous avons été, nous restons le parti catholique... Nous ne formons un parti que pour défendre l'Eglise contre tous les partis ».

Et par manière de conclusion :

« Nous croyons rêver, quand l'esprit plein de ces faits si publics et si récents, nous venons à penser que M. de Montalembert travaille à nous faire sortir du terrain de la liberté catholique... pour nous jeter dans la misérable bicoque de la liberté parlementaire, où les débris

de l'orléanisme nous tendent les bras, Non...
nous ne teindrons notre drapeau des couleurs
d'un parti ».

Ce refus péremptoire ne convainquit ni
Montalembert ni Albéric de Blanche. Pressé
par des attaques renouvelées du *Correspondant*, Louis Veuillot [1] eut beau faire les plus
magnifiques parades, commenter la *politique*
de Bossuet et l'histoire du XIXe siècle avec une
égale éloquence, rien n'y fit. Il y gagna d'avoir
Foisset et Lenormand pour adversaires, après
Montalembert [2]. Toute l'école du *Correspondant* resta convaincue que l'*Univers* s'exposait
au péril de trahir l'Église plutôt que Napo-
léon III ; et que, pour protéger la liberté religieuse, au souverain le mieux intentionné il
fallait préférer cette machine parlementaire,
dont Louis Veuillot avait vainement raillé les
« engrenages », les « courroies ductiles », les
« freins invincibles » et les « soupapes de
sûreté ».

Dans ce conflit qui dura, et qui, en durant,
s'envenima, Albéric de Blanche donna raison
à Montalembert. S'il eût vécu, il aurait vu
lequel, du *Correspondant* ou de l'*Univers*, brava
le plus résolument les coups de l'empereur, et à

[1] *Mélanges* 1re série, I, 204-218, 219-265.
[2] *Ibid.*, 266-295 .

qui, de Veuillot et de Montalembert, allèrent
constamment les encouragements du pape. Mais,
en 1853, cet avenir est dans les brumes épaisses ;
Albéric n'aperçoit que le tumulte qui se fait à
Paris contre l'*Univers*, et il le trouve justifié.

Nous avons mentionné les articles que l'abbé
Gaduel publia dans l'*Ami de la religion* contre
l'*Essai* de Donoso Cortès ; Louis Veuillot ne
manqua pas d'y répliquer avec force. L'abbé dé-
féra l'*Univers* à l'archevêque de Paris [1], Mgr Sibour interdit la lecture du journal (17 février 1853). Louis Veuillot était à Rome. Au
reçu de l'acte d'accusation et de la sentence
rendue, il en appela au pape (3 mars). Il reçut
de Mgr Fioramonti [2], secrétaire du pape pour
les lettres latines, des paroles consolantes
(9 mars) ; la lettre apostolique *Inter Multiplices*
(21 mars), qui ne tarda pas à suivre, contenait
cette invitation textuelle aux évêques :

« Nous vous demandons avec instance de favoriser de toute votre bienveillance et de votre
protection les hommes qui, armés de l'esprit
catholique et versés dans les lettres, consacrent
leurs veilles à écrire et à publier des livres et
des journaux, pour la défense et la propaga-

---

[1] Sa lettre, 10 février 1853, est *in extenso* dans les
Mélanges de Veuillot, 1re série, I, 328-333.

[2] *Ibid*, 344.

tion de la doctrine catholique, pour la défense des droits sacrés et des enseignements du siège apostolique, pour l'extermination des opinions contraires à l'autorité pontificale et de toutes les doctrines erronées ».

Les amis de Louis Veuillot pensèrent que le pape le visait et le couvrait. Les amis de Montalembert faisaient bénéficier celui-ci des paroles pontificales. N'est-ce pas généralement ainsi, à travers la buée qui monte des profonds sentiments du cœur, que les hommes ont coutume de lire les textes ?

Philosophant sur ces événements, dans une lettre à son ami sévillan Carbonero y Sol, Albéric de Blanche écrivait :

« J'ai lu attentivement votre article sur l'affaire de l'*Univers*. J'ai applaudi à votre esprit de paix et à vos vœux pour la conciliation ; mais ce qui est facile et louable pour vous, à l'étranger, ne l'est pas de même pour ceux qui assistent de près à la querelle. En France, on était tenu, ou peu s'en faut, de prendre parti. Or, je vous avoue que la plus grande somme d'erreur me paraît avoir été du côté de l'*Univers*.

« La question de l'ultramontanisme n'est pas la véritable question. L'*Univers*, à mon avis, s'est servi de l'ultramontanisme, en beaucoup d'occasions, pour parer les coups qui ne s'adressaient pas à ses principes ultramontains. Les véritables torts de l'*Univers* étaient : 1° son opinion exagérée contre les classiques païens ; 2° son opinion sur les rapports de la foi et de la raison en philosophie ; 3° ses invectives contre la liberté politique. Eh bien ! sur ces trois points, je suis convaincu que l'*Univers* a été battu. L'Encyclique ne s'explique pas, ou ne s'explique pas nettement sur ces points. Elle se borne à réclamer la liberté raisonnable de la presse religieuse et à louer l'*Univers* des efforts, en effet louables, par lesquels il s'est signalé dans la lutte contre le philosophisme. Veuillot est un chrétien d'un zèle admirable ; et c'eût été un dommage énorme de le condamner à se taire. Mais, je le répète, les opinions excessives de l'*Univers* demeurent condamnées par l'opinion publique ; et l'Encyclique n'ordonne aucunement de les réhabiliter ».

Il fallait citer ces lignes pour montrer avec quelle franchise Albéric de Blanche en usait sur le compte de ses meilleurs amis. Il est cependant permis de penser que le paisible Villeneuvois tirait à lui les faits et les textes. Car enfin, il est remarquable que, saisi d'un appel sur une sentence motivée, à ce que pensait Mgr Sibour, par des fautes très précises, le pontife romain, pour toute réponse, ait insisté sur la faveur que les évêques devaient prodiguer à la presse religieuse. Aussi Mgr Parisis écrivait-il au rédacteur en chef de l'*Univers* : « Quelle nouvelle que l'Encyclique et quelle magnifique consolation pour l'*Univers* d'en avoir été l'objet ! [1] » Des paroles du pape Veuillot se couvrit comme d'une protection. Et Mgr Sibour comprit les choses à peu près de même ; puisque, au reçu de l'encyclique, il retira spontanément l'ordonnance portée contre le journal (8 avril).

Cherchant, à sa manière, une cause à ce qu'il appelait les « excès » de l'*Univers*, Albéric de Blanche disait dans sa lettre du 9 mai, à Carbonero y Sol.

« Donoso Cortès a été, en très grande partie, la cause des erreurs que j'attribue à l'*Univers*. Je suis persuadé que sa mort rendra en quelque sorte à Veuillot sa liberté. Veuillot est un écrivain d'une énergie extraordinaire ; mais c'est un penseur souvent faible et qui subit le joug des autres esprits. Donoso Cortès l'avait en sorte ensorcelé. Le charme se trouve détruit ; mais, hélas ! par un événement lamentable.

« Voilà, mon cher ami, des détails qui peuvent vous être utiles. Faites-en votre profit, si vous

[1] *Mélanges*, 2ᵉ série I, 351. — Sur tout l'incident voir *Louis Veuillot* II, 351-372.

le jugez à propos ; mais vous le comprenez assez, mettez-y une discrétion extrême. Je vous parle dans l'intimité. Je ne pourrai dire en public ce que je vous confie ».

Nous ne savons quel écho *la Cruz* de Séville fit à ces confidences. Albéric n'avait pas tort, quand il parlait de l'empire de Donoso Cortès sur Louis Veuillot. Mais il ne pénétrait pas bien le fond de la lutte engagée contre le journal, quand il voulait mettre hors de cause l'ultramontanisme ; et il perçait mal les ténèbres de l'avenir, quand il entrevoyait un Louis Veuillot dégagé des théories de l'*Essai sur le catholicisme.*

Fidèle à l'amitié, et aux principes mêmes que donnaient à cette amitié son élément le plus fort, Louis Veuillot fit préparer, par Melchior du Lac, l'édition française des *Œuvres* de Donoso Cortès ; en tête des trois volumes qui les renfermaient, il plaça, en guise d'introduction, la magnifique étude parue dans l'*Univers*, au lendemain de la mort de l'illustre marquis de Valdegamas.

*
* *

Tandis que se nouaient les coalitions sous lesquelles on comptait bien tuer l'*Univers* ou le réduire au silence, Louis Veuillot vit entrer la mort dans sa maison. Il perdit sa petite Thérèse, filleule de Donoso Cortès, sa femme la douce Mathilde, dont les yeux n'avaient jamais rayonné que d'amour et de paix. Des premiers, Montalembert écrivit par deux fois ses condoléances, malgré la brouille qui le séparait de Louis Veuillot. De Villeneuve, Albéric de Blanche mandait au foyer dévasté :

« Au milieu des combats que vous soutenez, je pensais que du moins votre bonheur domestique était sauf. La Providence a voulu vous apprendre une vérité douloureuse, c'est qu'il est bien autrement difficile de s'oublier que de combattre. Par ce coup Dieu vous propose des vertus infiniment plus grandes que celles que vous ambitionnez. Oui, cher ami, c'est ordinairement le secret caché dans de telles souffrances... Il faudrait remercier Dieu pour cette grâce, comme on remercie pour les autres. Vous le savez bien ; tous les chrétiens le savent ; mais hélas ! que cela est difficile !

... Adieu. Je regrette vivement de ne rien avoir en moi qui puisse vous être offert, comme assistance et soulagement. Le souvenir de la constante bonté que vous m'avez montrée m'assiège en ce moment et redouble ma compassion. Quelques souvenirs devant Dieu, souvent trop peu efficaces pour vous, voilà ce que je vous donne. Soyez assez bon pour mettre un prix à ce don ; comptez un ami de plus, parmi ceux qui n'ont pour vous que larmes et tendresses ».

Louis Veuillot répondit (11 décembre 1852) :

« J'étais sûr, mon ami, que vous m'aviez donné devant Dieu votre bonne part du secours dont j'ai grand besoin. Je vous remercie d'avoir voulu me le dire ; les sympathies ne me consolent pas ; mais elles me fortifient. J'ai peur des jugements de Dieu pour moi et pour les autres. Ma chère femme est morte et a vécu très saintement, elle a été humble, douce, pieuse, elle a aimé les pauvres. Mais qui sera trouvé pur devant l'infinie pureté ? Si ces mérites n'ont pas été suffisants, ce ne sont pas les miens, hélas ! qui pourront y suppléer. Je m'adresse à tous mes amis ; je leur demande des prières. Qu'ils ne se lassent pas, au moins de quelque temps.

« Vous avez bien deviné que je ne serais pas abandonné de la charité de mon frère et de mes sœurs. Leur tendresse dépasse tout ce que je puis dire. Ma sœur Elise vient demeurer chez moi et me consacre sa vie. Elle élèvera mes petites orphelines, avec son esprit ferme et grand et un cœur de mère. Je n'ai perdu que la joie humaine ; mais je l'ai bien perdue et à jamais.

Adieu, mon cher ami ».

Lorsque Albéric échangeait avec Louis Veuillot ces lettres touchantes, il y avait trois mois à peine qu'il avait passé à Eaux-Bonnes, avec Ozanam, de longues semaines. Ensemble ils avaient fondé, dans ce bourg pyrénéen, une conférence de Saint-Vincent de Paul et tracé le projet d'un petit hôpital pour les pauvres qui auraient besoin du traitement des Eaux-Bonnes. De Biarritz où il achevait de se remettre un peu de sa fatigue mortelle, Ozanam écrivit à Albéric de Blanche une longue lettre. Il y revient sur ces créations faites ou à faire. A Saint-Palais, il a discuté avec l'abbé Menjoulet des conditions de l'hôpital, des religieuses à y préposer et il conclut : « Si vous retournez l'année prochaine aux Eaux, je crois fort que vous aurez le mérite et la consolation d'achever votre ouvrage. Du reste, j'ai rendu compte à Paris du peu que nous avons fait ; et probablement le prochain bulletin avertira les conférences qu'elles peuvent désormais compter sur quelques lits pour les pauvres malades ».

Mais, dans cette manière de vie commune qu'ils avaient menée, aux Eaux-Bonnes, Ozanam et Blanche n'avaient pas enfermé leurs pensées dans l'œuvre des conférences. Ils avaient échangé leurs vues d'avenir. Pour le professeur de la Sorbonne, il n'était question, s'il recouvrait des forces bien épuisées, que de recommencer des leçons, afin de mourir, comme il l'avait dit un jour, au service de la jeunesse. Albéric, par delà la guérison espérée, entrevoyait un mariage, celui dont nous avons parlé.

Revenant sur les confidences faites aux Eaux-Bonnes, Ozanam disait :

« Vous m'avez beaucoup touché en me confiant vos peines de cœur ; et cependant il était bien impossible que l'amitié ne les devinât pas en partie, en vous voyant si tourmenté, quoique si contenu. Enfin, Dieu vous éprouve, mais j'espère que ces délais ne font que vous préparer un bonheur plus assuré. Quoi qu'il arrive, après ces entretiens, nous ne pouvons plus demeurer, des années entières, étrangers l'un à l'autre ; et j'ose vous demander, cher ami, de me tenir au courant de votre santé et des intérêts si chers qui s'y rattachent.

« Adieu, cher ami, priez pour moi, car je ne sais ce que Dieu veut faire de son pauvre serviteur. Je sais seulement que je le sers bien mal et que je voudrais mieux agir. Il faut donc que je mette ma confiance dans les prières de ceux qui sont meilleurs que moi. Je puis leur promettre en retour toute ma reconnaissance ».

Les deux amis purent échanger leurs prières ; à l'un et à l'autre la mort devait bientôt ouvrir d'autres rêves que ceux de la terre.

*
* *

En dépit de la maladie qui épuise ses forces, Albéric de Blanche n'a rien perdu de son ardeur littéraire. Non seulement il suit les événements, écrit à ses amis, prolonge ses lectures, mais il est fertile en projets. Il voudrait rééditer sa *Vie de saint Stanislas Kostka*, son *Jacques Balmès*. Il l'aurait fait, si Vaton ne s'était refusé à un projet qu'il estimait de pauvre rendement [1]. Mais le prudent libraire, qui avait tiré de la traduction des œuvres de Balmès d'encourageants bénéfices, ne voyait aucune difficulté à entreprendre la publication des *Lettres à un sceptique* et des *Ecrits politiques* du célèbre docteur catalan. Edouard Manec promettait le manuscrit des *Lettres* au bout de trois mois (décembre 1853). Quant aux *Ecrits politiques* ils demeureraient à la charge d'Albéric de Blanche. Charles de Mazade lui avait prêté son exemplaire des *Escritos politicos*. En tête de la traduction Albéric mettrait une vie abrégée de Balmès. Vaton [2] souhaitait d'avoir le manuscrit en mains, dans le courant de 1853. Le 18 décembre 1853, il

[1] Lettre du 29 novembre 1852.
[2] Lettre du 14 septembre 1852.

déclarait à l'auteur qu'il lui offrait mille francs pour ce travail. A cette date, Albéric n'avait plus que trois mois à vivre.

L'amélioration produite par deux séjours aux Eaux-Bonnes ne se maintint pas. Le travail devint de plus en plus difficile, les précautions et le repos de plus en plus imposés. Les froids de l'hiver amenèrent une recrudescence du mal qui dévorait tout vivant le courageux malade. En février 1854, l'abaissement subit de la température amena des suffocations. Pendant quelques jours, il y eut des hauts et des bas qui firent alterner les espérances et les alarmes. Le jeudi, 20 février, la journée fut si bonne que l'on crut la crise conjurée. La nuit fut affreuse. La fin approchait. Albéric reçut les sacrements avec la piété d'un ange. Laissons parler un témoin.

« Sa mère, ses sœurs, agenouillées près de son lit, pleuraient en silence ; mais, adorant les desseins impénétrables de la Providence, renfermaient en elles-mêmes leur douleur, pour laisser au malade toute sa force. Après l'extrême-onction, il parut se ranimer et à plusieurs reprises exprima ce qu'il éprouvait. Sa parole, ses sentiments étaient si calmes, si purs, si surhumains ! Quelqu'un lui ayant dit : « Tu as donc vu Dieu » ? — Non, répondit-il, mais j'ai pressenti le bonheur et j'ai vu la lumière ».

Il disait encore : « Pourquoi pleurez-vous ? Sur la terre, je n'avais à attendre qu'une vie d'épreuves, de souffrances ; et maintenant je vais être heureux pour toujours ». Au milieu de ses douleurs, et comme la sueur de la mort découlait déjà sur son front, il trouvait par moment la force de parler de Dieu et du ciel. « Nous serons un jour réunis, mais dites à mes amis de tout faire pour éviter une séparation qui serait éternelle. Je vous donne rendez-vous au paradis ». Il voulait qu'on récitât tout haut des prières. « Je n'ai aucun regret de la vie ; c'est seulement pour vous, que je regrette, ajouta-t-il, en regardant sa mère [1] ».

Une demi-heure avant d'expirer, il parlait encore ; jusqu'au bout il garda sa pleine connaissance. Point d'agonie. Dans les bras de sa mère, sa vie s'exhala dans un dernier souffle, le vendredi 24 février 1854.

L'*Essai* [2] de Villeneuve-sur-Lot, le *Journal de Lot-et-Garonne* [3] saluèrent avec émotion cette vie pleine de promesses et si vite tranchée. Charles de Gastebois et Louis Filastre dirent leur admiration pour cet ami qui était un modèle. Gastebois eut l'heureuse idée d'envoyer à

[1] Lettre de Ch. de Gastebois à *l'Univers* (4 mars 1854).
[2] 26 février, 5 mars 1854.
[3] 28 février 1854.

l'*Univers* cette longue lettre où il racontait les derniers moments d'Albéric. Quelques jours après (9 mars), Louis Veuillot prit sa plume des meilleurs jours, pour honorer le compagnon d'armes tombé.

« Albéric de Blanche-Raffin était toujours des nôtres. Il n'a jamais rien mis au-dessus de ce que nous plaçons nous-mêmes au-dessus de de tout. Quelques dissentiments politiques, récents et légers, ne l'auraient pas empêché de prendre part à nos travaux si ses forces l'avaient permis. Il a droit aux bénéfices de cette confraternité qui s'est formée entre nos lecteurs et nous, et qui nous a été souvent témoignée d'une manière si consolante. Nous faisons une œuvre rude, dont l'unique récompense est dans ces prières qui sollicitent en notre faveur la miséricorde divine...

« Le devoir n'avait jamais cessé d'être sa loi suprême ; il l'observait, il l'aimait, et les habitudes de sa pensée se reflétaient sur son visage d'une beauté presque ascétique. Son aspect faisait songer aux plus illustres modèles de la jeunesse... Avec un immense enthousiasme pour le bien, il n'avait que des paroles calmes et mûres, il ne se proposait que des desseins sérieux ; et le plus arrêté de tous, qu'il a suivi jusqu'à la dernière heure, était de servir Dieu et l'Eglise par une profession constante et publique de sa foi ».

Du jeune écrivain le rédacteur en chef de l'*Univers* louait le solide esprit, le style grave, le zèle ardent et le noble caractère ; il rattachait son souvenir à ceux de Jacques Balmès et de Donoso Cortès. Il terminait par ces lignes :

« Albéric, après avoir été un homme de foi et de piété, avait mérité de souffrir, et de devenir par là, sous la main de Dieu, le chrétien consommé, maître de soi, qui étouffe tout regret, qui se défend toute plainte, qui aime la douleur parce qu'il en connaît le prix, muet sur ses pauvres maux et plein de compassion sur ceux des autres... S'il est vrai que la vie chrétienne consiste toute en ces deux pratiques, Albéric était bien près d'atteindre la perfection, lorsqu'il plut à Dieu de rappeler cette âme que nous avions vue ici-bas dans les plus nobles chemins ».

Dans la petite ville de Villeneuve-sur-Lot, où il naquit et où il est mort, quel souvenir demeure d'Albéric de Blanche ? En dehors de sa famille, qui sait son histoire ? Sur la poussière de la route la trace de ce voyageur s'est effacée. Presque seuls, les siens se souviennent. Dans le salon hospitalier de Beurre, son image est entourée d'un culte pieux. De tous les portraits

qui ornent les murs, aucun n'est aussi parlant
que le sien. Son visage a toujours la beauté qui
séduisit le peintre Lafon. La pureté y rayonne
avec la paix. Ce jeune homme, aux joues fraî-
ches d'enfant, a la gravité d'un sage. Et les yeux
font deviner, sous le frac noir, un cœur brûlé
d'une flamme qui monte vers les sommets.

Ce portrait est l'image d'une âme, et cette
âme est noble. Le spectacle des fanges de la
terre et des combats où les hommes se déchi-
rent la remplissent de tristesse. Elle est faite
pour contempler et chanter les magnificences
du bien.

TABLE ALPHABÉTIQUE

DES PRINCIPAUX NOMS PROPRES

TABLE DES MATIÈRES

ACHEVÉ D'IMPRIMER LE II
FÉVRIER MCMXXIV, EN LA
FÊTE DE LA PURIFICATION, PAR
S. PACTEAU, A LUÇON POUR
GABRIEL BEAUCHESNE A PARIS.